i praticissimi

Découpage

Tecniche e modelli

GIUNTI DEMETRA

Impaginazione:
babe - Francesco Beringi, Firenze

Redazione:
Dario Dondi

Referenze fotografiche:
Archivio Giunti; Archivio Giunti /foto Arc-en-Ciel, Verona

Testi e immagini di questo volume sono tratti da *Découpage - Tecniche e modelli* di Gina Cristanini Di Fidio e Wilma Strabello Bellini, da *Découpage - Manuale completo*, *Découpage 3D* e *Découpage sotto vetro* di Marisa Lupato, tutti editi da Giunti.

L'editore si dichiara disponibile a regolare eventuali spettanze per quelle immagini di cui non sia stato possibile reperire la fonte.

www.giunti.it

Prima edizione: febbraio 2006

Ristampa	Anno
7 6 5 4 3 2	2010 2009 2008 2007

Stampato presso Giunti Industrie Grafiche S.p.A. - Stabilimento di Prato

Découpage è un termine derivante dal verbo francese découper che significa ritagliare. La tecnica di ritagliare illustrazioni o strisce di carta senza alcuna finitura e usarle come decorazione è utilizzata in Europa già nel Medioevo, quando i monaci amanuensi arricchivano in questo modo i loro manoscritti.
La storia del moderno découpage ha però inizio con la passione che le corti europee dimostrarono verso una particolare tecnica, giunta dalla Cina già nel Cinquecento e che si affermò in Europa soprattutto alla fine del Seicento: la laccatura. Questa consisteva in un procedimento complicatissimo che impreziosiva mobili e oggetti grazie a decorazioni poste sotto decine e decine di strati di lacca lucidissima.
Il costo degli oggetti laccati cinesi era talmente alto e la produzione a tal punto insufficiente rispetto alla richiesta che abili mobilieri veneziani pensarono di proporre sul mercato un prodotto di imitazione, realizzato ritagliando stampe orientali, incollandole e proteggendole sotto strati di finitura di sandracca (una resina di origine naturale), fino a ottenere un oggetto molto simile all'originale: nasceva così la cosiddetta arte povera veneziana che con il tempo si sarebbe arricchita di oggetti di grande gusto cromatico e compositivo.
La tecnica non tardò a diffondersi, prima in Francia e poi in Inghilterra, dove la storia ci tramanda che le signorine di buona famiglia inglesi già si dedicavano all'arte del ritaglio, insieme a quelle del ricamo e della musica, mentre abili artigiani eseguivano vere e proprie opere d'arte ritagliando minuziose strisce di carta. Il culmine della notorietà giunse nel XVIII secolo quando nelle case degli aristocratici inglesi fecero furore le *Print Room*, stampe raffiguranti le città europee incollate direttamente al muro e impreziosite da decori o cornici.

In epoca vittoriana, infine, la tecnica del découpage cambiò completamente stile. Intorno a una stampa grande centrale ruotavano fiori, scene campestri, immagini di bambini, con sovrapposizioni casuali; comuni erano, ad esempio, i paraventi di ritagli.
A quasi un secolo di distanza il découpage torna ad avere successo, in quanto permette di decorare mobili e oggetti con grande facilità. L'utilizzo dei nuovi prodotti ha inoltre semplificato notevolmente il lavoro, rendendo l'esecuzione più agevole e soprattutto più rapida.

NETTO
Kg.0,250
RASSASIE

tecniche e materiali

Fino a qualche anno fa il découpage era considerata una fra le tecniche di più lenta realizzazione, in quanto gli unici prodotti utilizzabili per la verniciatura, l'invecchiamento o per alcuni effetti particolari erano a base oleosa e richiedevano, oltre all'uso di solventi tossici, anche ore o giorni di essiccazione. Oggi le cose sono cambiate: in questa prima parte del libro vengono fornite le indicazioni di base per ritagliare, incollare, isolare e verniciare un lavoro eseguito con la tecnica del découpage più tradizionale, servendoci di prodotti nuovi, diluibili con l'acqua e di carte di diverso tipo, oltre che di tovagliolini di carta. Per chi vuole cimentarsi in finiture di abilità come il finto marmo o le screpolature, è stato poi riservato uno spazio di découpage avanzato, "Interventi decorativi guidati", che introduce in quella che forse è la vera anima, la più classica e raffinata del découpage: lo stile inglese.

Attrezzatura

Se amate fare découpage o magari avete passione per diverse attività decorative, non privatevi di uno spazio tutto vostro, anche se piccolo, dove riporre tutto ciò che vi può servire.
Indispensabili strumenti di lavoro sono le forbici grandi e piccole, appuntite e ricurve, cutter, bisturi, matite e squadre, pennelli piatti per la colla, pennelli grandi e piccoli per il colore, pennelli sottili per finiture e pennelli-spugna, utilissimi per tamponare il ritaglio incollato e per far uscire la colla eccedente.
Sono inoltre in commercio comodi rulli di gomma che, pressati sul ritaglio appena incollato, fanno fuoriuscire ogni ristagno d'aria o di colla. Fate attenzione a tenere asciutta la carta su cui rullare per evitare di staccarla. Servono poi ciotole e ciotoline per raccogliere la colla o per mescolare i colori, ma possono essere utili anche dei vasetti di vetro riciclati per conservare un colore particolare che siete riusciti a ottenere e che non utilizzate subito. Procuratevi anche diversi numeri di carta vetrata per levigare gli oggetti in legno, del nastro di carta adesiva, dei pezzetti di gommapiuma per il découpage pittorico e una spugna naturale per i fondi spugnati. Infine, per il découpage con i fiori veri, serve una pressa di cui troverete, più avanti nel libro, le indicazioni per l'utilizzo.

I PRODOTTI E IL LORO USO

In queste pagine elenchiamo i prodotti che sono stati utilizzati per i lavori di découpage. Non si tratta di prodotti riservati ai professionisti del settore, sono facili da usare, molti sono solubili in acqua e facilmente reperibili.
Naturalmente starà a noi conservarli correttamente, in modo tale che siano sempre pronti all'uso, ma, nel contempo, come per tutti i prodotti e gli attrezzi di lavoro, è importante tenerli fuori dalla portata dei bambini.

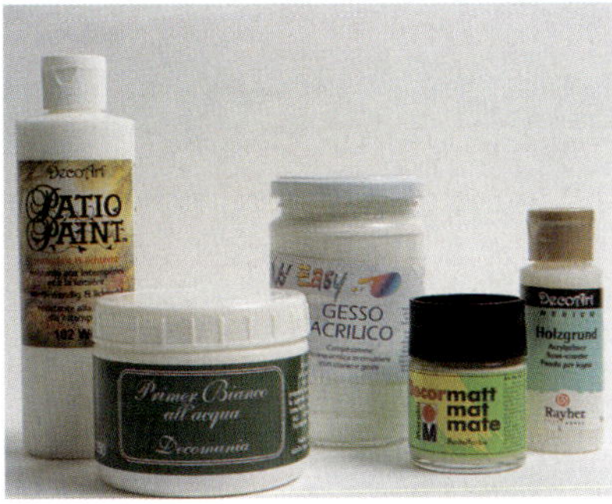

Basi. I supporti sui quali faremo découpage potranno essere di origine diversa, per cui si rende necessario, onde ottenere un lavoro ben rifinito e di lunga durata, preparare in precedenza il materiale con i prodotti giusti.
Nelle foto possiamo osservare alcuni di questi, come i colori acrilici lavabili per esterni, adatti a ricoprire il cartone o il legno direttamente; il primer all'acqua per oggetti di metallo o terracotta; il gesso acrilico da stendere come base sul cartone o sul legno; infine il turapori, utilissimo quando si voglia isolare bene legno o superfici porose come la terracotta per farvi poi aderire il colore in modo omogeneo.

Medium. Sono prodotti che, aggiunti ad altri, ne modificano le caratteristiche. Il medium ritardante è utilizzato per ritardare l'essiccazione dei colori acrilici; il legante, combinato al colore acrilico, forma una pasta cremosa da stendere anche a spatola; il medium per tessuto può essere mescolato al colore acrilico per renderlo adatto al lavaggio o per isolare il découpage con tovagliolo sulla stoffa; il medium per candele serve per isolare il tovagliolo sulla cera; il medium effetto è adatto per fissare con il calore del forno, oggetti decorati a découpage di metallo, vetro o terracotta; aggiungendo il medium perlato al colore acrilico si ottengono effetti madreperla; se si vuo-

le un effetto sabbia da stendere a spatola basta aggiungere il medium struttura al colore acrilico; esiste anche un medium per stendere il tovagliolino di carta con il ferro da stiro.

Colle. Sono numerose le colle presenti in commercio, adatte al découpage, di consistenza più o meno densa e già pronte all'uso. Se utilizzate una normale colla vinilica per i vostri ritagli, potete diluirla con una parte di acqua e quattro di colla, ottenendo una consistenza media. Due colle specifiche sono invece la colla removibile spray, utile nei casi in cui serva mettere e togliere facilmente un ritaglio e la colla speciale per tovagliolini di carta, che incolla e isola direttamente il tovagliolo.

Vernice screpolante monocomponente. È un particolare medium sul quale, una volta asciutto, viene steso un comune colore acrilico. L'effetto di screpolatura che si viene a formare immediatamente forma una base su cui verrà incollato il ritaglio.

Vernice screpolante bicomponente. Si compone di due prodotti ad acqua o a olio che, stesi uno sopra l'altro seguendo i tempi descritti da ogni produttore, donano un tipo di screpolatura più o meno sottile. L'operazione si effettua dopo aver incollato il ritaglio e prima di procedere alla finitura dell'oggetto. La gomma arabica si trova in polvere o cristalli e per prepararla si ricopre d'acqua calda, si lascia riposare per un paio di giorni e si fa scaldare a fuoco lentissimo. Quando avrà raggiunto la consistenza del miele non troppo denso, si filtra e si lascia raffreddare. Esistono anche vernici screpolanti con le quali è possibile ottenere un effetto "cuoio".

Patine. Esistono in commercio prodotti appositi, ad acqua, alcol o a olio per scurire le screpolature formatesi con le vernici screpolanti. In alcuni casi le patine hanno colorazioni diverse per rispondere a diverse esigenze.
In alternativa si diluisce un po' di colore a olio terra d'ombra naturale con medio essiccante e si strofina sulle screpolature.

Gommalacca, cera, polveri dorate. La gommalacca, sostanza resinosa prodotta da un insetto, è il tipo di finitura più tradizionale per il découpage e dona un aspetto ingiallito e lucido all'oggetto. Non è impermeabile e quindi deve essere successivamente protetta con una vernice all'acqua o all'olio. Si acquista in scaglie di aspetto impalpabile e dorato e va sciolta in alcol a 94° d'estate o a 99° d'inverno quando l'asciugatura è più lenta. La preparazione avviene in questo modo: si versa la quantità desiderata di scaglie in una bottiglia richiudibile dal collo largo e si aggiunge una quantità di alcol necessaria a coprire il livello delle scaglie. Si scuote ogni tanto e si lascia riposare per una notte. Infine si filtra e si utilizza pura o diluita con altro alcol.
La gommalacca è utile anche per invecchiare un ritaglio di carta prima di incollarlo, mentre con l'aggiunta di polvere dorata la finitura si arricchisce di bagliori dorati. Le cere, neutre, colorate o la cera d'api, donano una naturale lucentezza all'oggetto in precedenza decorato e rifinito con la vernice. Per stenderle utilizzate una paglietta d'acciaio finissima, lasciate asciugare e strofinate con un panno morbido.

Vernici di finitura. Vernici all'acqua, sintetiche, in gel, opache, satinate o lucide: le varietà in commercio sono tante. Per evitare errori basta tener presente che le vernici all'acqua sono necessarie nella fase di "annegamento" del découpage, quando, dopo aver incollato il ritaglio, vengono stesi un numero di strati di vernice variabili dai 3 per le carte sottili fino ai 30-50 per

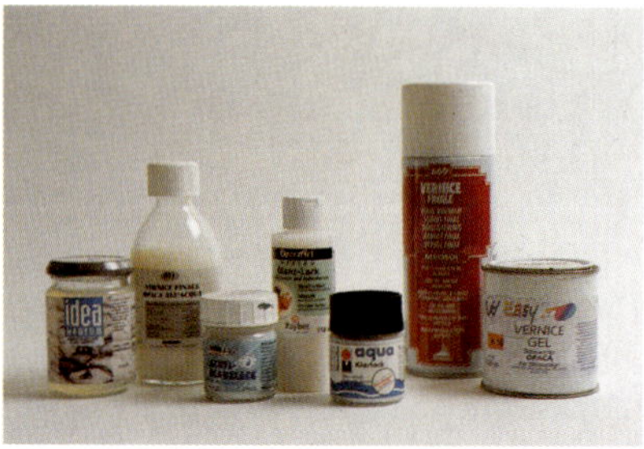

le carte grosse, in modo da eliminare lo scalino creato fra la carta e la superficie su cui essa si trova.
I pennelli si lavano con l'acqua. La vernice sintetica o flatting – liquida, gel, lucida od opaca – deve essere stesa alla fine del lavoro in numero di almeno due strati alternati da una delicata carteggiatura. I pennelli si lavano con solvente sintetico o acquaragia. Ricordate che una vernice sintetica, per essere completamente asciutta necessita di 15 giorni di tempo.

Resine indurenti. Sono speciali resine che si ottengono mescolando due componenti e che donano all'oggetto decorato una finitura lucida, trasparente, molto liscia e, essendo dense, annullano in un solo strato gli spessori dei ritagli di carta del découpage. Esistono in commercio diverse proposte, ugualmente valide come resa e da confrontare per i prezzi.

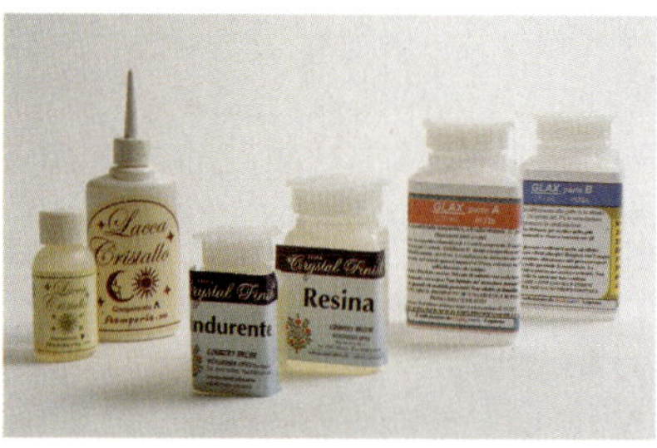

Per carteggiare e decapare. La carta vetrata è un elemento indispensabile per un perfetto découpage. Viene catalogata con numeri che ne indicano il diverso grado di abrasione o precisamente il numero di cristalli per ogni centimetro quadrato. Per carteggiare oggetti di legno grezzo, potete utilizzare carte anche piuttosto abrasive, regolandovi in base alla durezza del legno e allo stato dell'oggetto. Per levigare gli strati di vernice, invece, il discorso si fa più delicato. Dopo aver incollato il ritaglio e aver steso quindici, venti mani di vernice all'acqua, utilizzate carta di grana n. 250-300, bagnandola con sapone liquido se del tipo impermeabile. Il numero della carta deve aumentare ogni due mani fi-

no al n. 1200 e oltre, ricordando di carteggiare sempre nello stesso verso per evitare graffi.
La candela stearica è perfetta per l'effetto décapé. Si passa la candela solo sulle parti di maggior usura del vostro oggetto grezzo o dipinto di colore acrilico. Si dipinge con colore acrilico in tonalità contrastante e, una volta asciutto, si carteggia con carta a grana grossa sulle parti passate in precedenza con la cera.

Doratura. Il tipo di doratura più adatta a fare da base al découpage è la doratura a missione e a foglia di similoro. Si stende sull'oggetto un liquido collante chiamato missione che può essere ad acqua, ad alcol o a solvente. Si attendono i tempi descritti dal produttore e si stende la foglia oro in fogli o accartocciata. Si isola con gommalacca e si esegue il normale découpage. Molto utili, per ritocchi e particolari finiture sono i colori acrilici e sintetici dorati e metallizzati.

3D con tovagliolo. Per incollare e isolare il tovagliolino di carta esiste una vernice apposita che ha anche la funzione di fissare il tovagliolo alla pasta modellabile specifica per il rilievo. È una pasta ultra leggera, facilmente plasmabile che, appoggiata sul ritaglio incollato e ricoperta con un secondo ritaglio di forma identica, ne determina il rilievo.

3D con silicone. Per questo secondo tipo di découpage in rilievo occorrono un tubetto di silicone trasparente, un bulino e una tavoletta di gomma sottile per gonfiare i ritagli di carta. Dopo aver ritagliato più particolari identici dello stesso soggetto, si incolla il primo, vi si stende sopra un po' di silicone e si ricopre con il secondo precedentemente rigonfiato. Si continua per una o due volte e si "annega" nella colla dopo circa quarantotto ore.

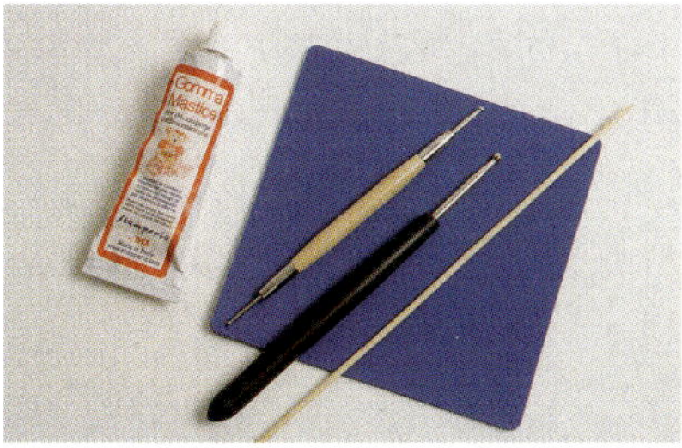

Le carte

Motivi classici, inglesi, bordi, disegni vittoriani, stampe a soggetto floreale e botanico, a colori e in bianco e nero, pretagliate, sottili o più grosse, patinate oppure opache, tratte da libri, riviste o acquistate in negozi specializzati: il mondo delle carte da découpage è veramente infinito e tutti possono aggiungere o trovare il ritaglio particolare, diverso, originale; basta saper guardare, scegliere, immaginare... e il gioco è fatto.
La scelta di una carta è molto importante ed è buona norma, dopo aver deciso il soggetto e averlo ritagliato, appoggiarlo sulla superficie da decorare per verificare l'armonia d'insieme, l'equilibrio cromatico fra carta e fondo, l'eventuale necessità di arricchire la composizione ottenuta con qualche altro intervento decorativo. A questo proposito, di supporto al ritaglio non vi sono solo i fondi classici (finto marmo, doratura e così via), ma si possono utilizzare con profitto anche le mascherine per lo stencil, decori o trasferibili e tutto quello che la nostra inventiva ci suggerisce.

Carte in bianco e nero. Nell'elenco delle carte non colorate sono comprese tutte le carte stampate in bianco e nero. Si possono quindi utilizzare quotidiani, italiani e stranieri, fotocopie in bianco e nero di foto o immagini particolari, disegni a china di stile settecentesco, fregi, foglie o i quaderni delle edizioni Dover che si possono trovare in libreria e che comprendono una gamma infinita di raccolte di disegni a tema. Nei negozi di hobbistica, inoltre, possiamo trovare carta stampata con spartiti, vecchie lettere, scritture, editti o locandine.
Le carte non colorate di solito sono opache e, pertanto, si prestano molto meglio delle carte lucide e patinate a essere incollate, aderendo alla superficie senza creare antiestetiche bolle.

Carte colorate e Soft Paper

I negozi specializzati sono una fonte veramente inesauribile di soggetti interessanti stampati a colori su carta. Le carte colorate create per il découpage si trovano lucide e opache, sono molto più facili da incollare, e riproducono soggetti vittoriani o preziose decorazioni, riproduzioni di stampe, di fiori, frutti, scene campestri, cani, gatti, uccellini. Nella scelta non trascuriamo tuttavia di sfogliare riviste d'arte e cataloghi di ogni tipo. Un accenno particolare deve essere fatto per le carte sottili o Soft Paper: sono facili da utilizzare perché non fanno grinze e sono ottime dal punto di vista della resa perché forniscono poco spessore.
Quando si inizia a fare découpage, è facile lasciarsi prendere dalla frenesia di possedere più e più tipi di carta in quanto ci si accorge subito che le carte non sono mai troppe.
Maggiore è infatti la varietà dei soggetti che possediamo e maggiori saranno gli stimoli che ci guideranno a una buona riuscita del nostro lavoro.

Tovagliolini

I tovagliolini di carta sono stati una vera e propria innovazione nel découpage. Una miriade di soggetti, con disegni attuali o con temi classici, combinazioni cromatiche infinite e facilità di applicazione hanno decretato la fortuna dell'"umile" salvietta, al punto che ormai nei negozi di hobbistica è possibile acquistare anche un singolo tovagliolo, per cui diventa un gioco potere disporre di decine e decine di soggetti da usare soli o combinati secondo il nostro gusto. Introdotti quasi per gioco e destinati a un "découpage minore", i tovagliolini si prestano a realizzare non solo piccoli oggetti ma addirittura dei mobili, come il tavolino e il bauletto presentati nella sezione destinata al découpage con interventi pittorici.

Non dobbiamo dimenticare, inoltre, che con il tovagliolino di carta si realizzano splendide creazioni con il sistema del découpage 3D che prevede l'uso della pasta modellabile.

ETICHETTE

Raccogliere etichette può diventare una passione grazie alla quale è possibile ricostruire un passato fatto di prodotti, di luoghi, di abitudini a volte perduti; una passione che porta alla loro ricerca in mercatini dell'antiquariato o in mostre del genere anche solo per il piacere di vederle e di apprezzarle.
Molte etichette portano del resto la firma di famosi artisti: Alphonse Mucha, McKnight-Kauffer, nonché Henry Moore e Salvador Dalì, mentre Andy Warhol trasformò quest'arte commerciale nella pop art. Fare découpage con le etichette (di bagagli, profumi, birra, scatolette e altro ancora) è una passione che può prendere la mano, sia perché l'etichetta consente un ritaglio facile, ben delineato e contornato, sia perché le immagini sono infinite e di soggetti diversi.

FIORI PRESSATI

Con le foglie, i fiori pressati e la tecnica del découpage, si possono rivestire un'infinità di oggetti, da un semplice segnalibro al piano di un tavolino, dall'album per le fotografie alle cornici o addirittura alle pareti. Quella di pressare i fiori è un'arte facile e per ottenere fiori in buone condizioni sono sufficienti pochi accorgimenti. Per esempio è importante raccogliere foglie e fiori nelle giornate meno umide e nelle ore calde del giorno e disporli subito in una pressa che potrete trovare in negozio, ma che potete costruire anche da soli. Procedete poi come segue: disponete cartone, carta assorbente, carta velina e fiore. Poi di nuovo carta velina, carta assorbente, cartone e via di seguito. Pressate bene e controllate le condizioni dei vostri fiori ogni ventiquattro ore, cambiando se è il caso la velina. In questo modo potrete disporre di stupendi soggetti per il vostro découpage.

Tecnica di base

Come è possibile constatare dalle fasi di lavoro illustrate in queste pagine, il découpage è una tecnica semplicissima, che tutti, anche i bambini, possono realizzare.
Se siete alle prime armi e volete procedere gradualmente, partite dalla realizzazione di un oggetto di materiale facile da trattare, come il legno.

Materiali: ***un vassoio di legno grezzo già carteggiato, colori acrilici di 2-3 tonalità, una carta da découpage con un disegno dai contorni non troppo complessi, forbici, una vaschetta d'acqua, carta da cucina, un pennello piatto per la colla e per la vernice di finitura ad acqua.***

1 Se volete ottenere un fondo appena decorato, dopo che la prima mano di colore acrilico si è ben essiccata, preparate una tonalità leggermente più scura di colore e passate con la spugna naturale per conferire un effetto di movimento.

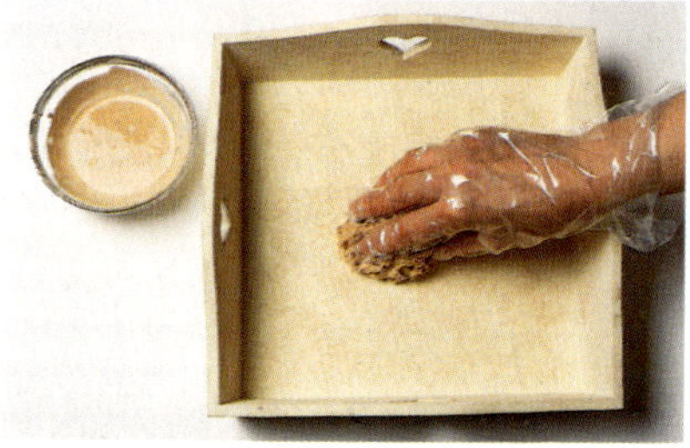

2 Ritagliate la carta da découpage prima nei suoi contorni generali con le forbici medie e poi nei dettagli con le forbici piccole e ricurve.

3 Se la carta è lucida e patinata, immergete il ritaglio nella vaschetta d'acqua per qualche secondo. Vedrete l'immagine arrotolarsi e poi srotolarsi lentamente. In questi pochi secondi si è liberata nell'acqua una parte di colla e ciò aiuterà la carta ad aderire meglio alla superficie.

4 Adagiate il ritaglio e rigiratelo abbastanza velocemente da una parte e dall'altra su alcuni strati di carta da cucina per eliminare l'acqua.

6 Con delicatezza, appoggiate la carta sul fondo del vassoio facendola aderire gradatamente, partendo da un lato e accompagnandola fino all'altra estremità con il pennello. Stendete la colla su tutta la superficie del vassoio compreso l'esterno. Se doveste notare la formazione di bolle d'aria nonostante tutte le precauzioni, tamponate piano con un pennello-spugna inumidito.

5 Spalmate la colla da découpage con un pennello piatto sul ritaglio di carta capovolto e appoggiato su di un foglio impermeabile che servirà a proteggere il piano di lavoro.

7 Attendete almeno un'ora e stendete la vernice protettiva opaca o lucida a base d'acqua e a rapida essiccazione. Procedete con un altro strato e così via fino a quando l'insieme non risulterà liscio e non vi saranno più stacchi di livello fra il ritaglio e la superficie su cui si trova.

Il finto marmo

Prove della realizzazione del finto marmo da parte di abilissimi artigiani ci vengono fornite fin dal 2200 a.C.
Più tardi venne utilizzato per impreziosire porte o soffitti oltre che piani di tavoli; era considerato un riconoscimento all'abilità dell'artigiano commissionare qualcosa realizzato con la tecnica del finto marmo.
Riprodurre il marmo è un'esperienza di grande soddisfazione e ogni artigiano conosce trucchi e metodi e usa materiali diversi.
I colori utilizzati nel nostro caso sono sempre quelli all'acqua, arilici o acrilici supercoprenti per esterni a seconda del materiale su cui si opera.

Materiali: ***per i primi tentativi procuratevi una tavoletta di compensato, colore bianco a base acrilica, un altro colore mescolando insieme un verde scuro con una punta di nero e una di acrilico color rame, un pennellone morbido, del nastro adesivo di carta per delimitare il lavoro, un sacchetto di plastica sottile appallottolato.***

1 Stendete il colore acrilico bianco sulla tavoletta e attendetene la completa essiccazione.

2 Stendete ora con il pennello il colore verde ottenuto mescolando i tre acrilici sopra la base bianca.

3 Rapidamente, prima che il colore si secchi, tamponate delicatamente la superficie con il sacchetto di plastica appallottolato, così da creare un fondo screziato. Il caso, non solo la tecnica, farà sì che si formino delle zone più chiare, altre più in rilievo: questi motivi ci guideranno nella fase successiva.

4 Prima che il colore sia secco, passate il pennello grande morbido sul pannello, con un movimento a zig zag, ma senza graffiare.
Dovranno formarsi alcune zone sfumate.

5 Lasciate seccare bene la superficie. Con un pennello sottilissimo, appena intinto nel colore bianco un po' diluito, seguendo una traccia che si è già formata, create delle venature sottilissime che in alcuni punti saranno più marcate imitando il vero marmo. Meglio limitarsi a poche tracce.

6 Immediatamente, con lo stesso pennello inzuppato nell'acqua, passate vicino alla venatura appena tracciata, toccandola appena.
L'acqua contenuta nel pennello sfumerà il colore da una parte creando un bell'effetto marmorizzato.

7 Dopo la completa essiccazione, la superficie sarà pronta per incollare il ritaglio di carta. Strofinate quindi una buona cera protettiva e lucidate. Il finto marmo assumerà così un aspetto molto naturale. In alternativa si può passare la vernice protettiva all'acqua.

Il trompe-l'oeil

Il trompe-l'oeil, inganno dell'occhio, sta a indicare un genere pittorico in cui la cura del particolare e il virtuosismo prospettico sono usati con l'intento di dare l'illusione della realtà. La cornice finta è utilizzata in particolare come tecnica di supporto al découpage classico in quanto valorizza una stampa o un ovale di qualsiasi oggetto. Anche in questo caso, è bene osservare soprattutto la realtà. Quindi se decidete di dipingere una finta cornice, osservate vere cornici, fatevi dare dal corniciaio di fiducia dei ritagli, soprattutto con gli angoli. Ricordate però che prima di iniziare è necessario considerare le reali fonti di luce presenti nel locale o quelle che voi volete creare artificialmente, per poterle conservare fino a che il lavoro non è terminato. Eseguite prima alcune prove solo con una matita a punta morbida. Allontanate da voi il disegno e socchiudete gli occhi. È una prova di abilità, per questo l'esercizio e lo studio delle ombre sono fondamentali.

1 A sinistra, alcune cornici alle quali ci si può ispirare per realizzare un trompe-l'oeil.
Il metodo migliore per iniziare è quello di appendere una cornice alla parete e ruotare una luce artificiale in modo da ottenere le ombre e gli effetti di luce desiderati.

2 Preparate il pannello di legno con un fondo acrilico. Questa prova si può eseguire con maggiore facilità anche su cartoncino, dove non è necessario dipingere un fondo e si può disegnare con le matite acquerello. In questo caso si è preferito realizzarla però su pannello di legno in quanto la maggior parte dei lavori a découpage sono eseguiti su scatole o oggetti di legno e con i colori acrilici.

3 Carteggiate fino a rendere la superficie ben levigata e disegnate con l'aiuto di due squadre e una matita dura le linee di riferimento della cornice che volete realizzare. All'inizio è consigliabile prendere come riferimento una cornice con poche scanalature e non troppo accentuate.

4 Preparate i colori divisi tra di loro e in tonalità e numero variabile, ma in gradazione. Nel caso della fotografia i colori si estendono dal rosso all'arancio, fino a sfumare nel giallo.

5 Il colore utilizzato è a base acrilica, per cui tende a seccarsi rapidamente. Bisogna fare attenzione, perciò, a eseguire rapidamente le sfumature con il pennello diluito nell'acqua. È importante sottolineare che nel découpage non sono mai presenti grandi campiture di colore, per cui in piccole dimensioni diventa più facile lavorare.

6 Terminato il nostro "inganno" si può stendere una finitura a cera neutra, a cera antichizzante, con vernice ad acqua o con lacca anticante.

La doratura

Arte antichissima, che risale a 3.000 anni fa, la doratura oggi si può eseguire in diversi modi: a pigmento, a guazzo, a missione. La foglia d'oro zecchino viene ormai utilizzata solo in rari casi. Al suo posto esiste un prodotto in similoro, una lega composta di rame, zinco e stagno che viene utilizzata molto più frequentemente dagli artigiani. Questa foglia è molto leggera, impalpabile e difficile da manipolare per cui necessita del pennello di vaio per essere applicata. Il prodotto utilizzato nelle sequenze è invece un foglio d'oro in rotoli, utilizzabile solo con una colla superadesiva ed è in commercio in 5 colori.
È un'alternativa valida ed efficace, pratica da far usare anche ai bambini.

1 La maggior parte delle volte, la doratura viene eseguita come appoggio a basi decorative importanti. In questo caso è stata decorata la base di un pannello di legno con un finto marmo verde acqua. I materiali utilizzati in questo caso sono il colore acrilico oro e la porporina, il foil o foglio d'oro con la colla superadesiva e lacca anticante per la finitura.

2 Dopo aver delimitato il rettangolo dentro al quale desiderate contenere la doratura, procedete all'applicazione della colla. Il pennello si può lavare in acqua.

3 Dopo circa 20-25 minuti, ritagliate un pezzo di foglia d'oro e stendetelo dalla parte opacizzata. Pressate e tamponate con l'apposito pennello-spugna a secco.

4 Togliete prendendo il foil per un lembo e tirate. Ripetete l'operazione appoggiando un foglio nuovo fino a che la superficie non avrà raggiunto la doratura desiderata. Se desiderate una doratura più naturale, tamponate la colla con il pennello-spugna invece di stenderla con il pennello normale.

5 Se si devono eseguire linee più o meno grandi o si deve delimitare uno spazio, si utilizza un colore acrilico oro che, mescolato a un po' di porporina, crea degli effetti di luce molto belli.

6 Il découpage adatto a questi fondi è di solito realizzato con il ritaglio di un disegno in bianco e nero invecchiato con lacca anticante, con o senza aggiunta di polvere di porporina.

Il finto lapislazzuli

Il lapislazzuli è una pietra dal fondo maculato blu con pagliuzze d'oro. Le venature che presenta sono decise e irregolari, a piccoli scatti, a differenza del marmo le cui venature sono molto più morbide e marcate.
Con il finto lapislazzulo si consiglia di decorare piccoli oggetti, evitando le grandi dimensioni.
Oggetti semplicissimi, di legno o altro materiale possono trasformarsi, con un fondo di lapislazzuli abbinato al découpage invecchiato e alla foglia d'oro, in raffinati elementi di arredamento.
I colori base di cui è formato sono il bianco, il blu oltremare e il blu marina, smorzati appena da terra d'ombra bruciata.

Materiali: ***una tavoletta di legno, colori acrilici bianco, blu marina, blu oltremare, terra d'ombra bruciata e tre ciotoline per mescolare i colori, lacca anticante, porporina, spugna naturale, pennello-spugna, pennello piatto per la base, pennello piatto n. 20, pennellino sottile per le venature o un pennello serbatoio n. 12.***

1 Preparate tre contenitori in gradazione di colore e diluite con acqua:

- base di colore acrilico bianco, con una punta di blu marina e una di terra d'ombra bruciata;
- una parte di acrilico bianco e una parte di blu marina, più una puntina di terra d'ombra bruciata;
- tre parti di blu oltremare e due parti di blu marina, più una puntina di terra d'ombra bruciata.

Distribuite sulla superficie da decorare i tre colori così preparati, uno alla volta.

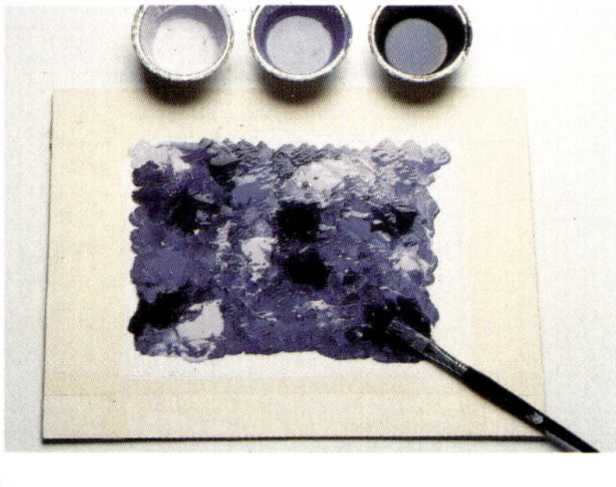

2 Riempite tutti gli spazi con il pennello senza mai trascinare il colore, ma lasciando le zone diversificate tra di loro.

3 Con una spugna naturale inumidita, tamponate la superficie evitando di mescolare troppo i colori fra di loro. Lasciate asciugare bene.

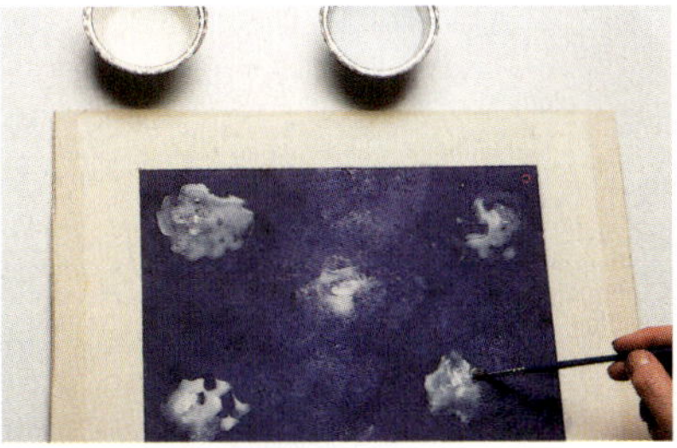

4 Preparate un contenitore con il colore bianco molto diluito e distribuite qualche macchia sulla superficie del vostro lavoro. Con un pennello bagnato nell'acqua picchiettate intorno alle macchie creando delle zone di luce irregolare. Lasciate asciugare bene.

5 Con il pennellino sottile o con un pennello serbatoio, tracciate alcune linee spigolose, corte, sottilissime, ricreando l'effetto di venature della pietra vera.

6 Le pagliuzze d'oro si possono creare in vari modi. Si può passare del colore acrilico oro diluito sulla superficie e, una volta asciutto, isolare con vernice da découpage o cera protettiva. Un altro metodo, che impreziosisce maggiormente il lavoro, consiste nel passare la lacca anticante mescolata con un po' di porporina.

Il craquelé: metodo a screpolatura gross

È indubbio che la screpolatura finale conferisce al découpage un fascino particolare. Alcuni artigiani preferiscono creare le famose spaccature con la gomma arabica. Altri stendono come vernice di finitura ai loro lavori la sandracca, una vernice usata nell'arte povera veneziana, difficile da reperire in commercio e che con il tempo crea delle naturali spaccature.
Il principio su cui si basa l'effetto del craquelé è semplicissimo: due vernici, stese a breve distanza una sull'altra, ma dotate di tempi di essiccazione diversi.
La vernice di più rapida essiccazione tenderà a spaccarsi e ritirarsi, creando quella rete che risulta così piacevole.
Si presentano qui due vernici che danno un effetto di screpolatura profonda, che fa emergere il colore sottostante. In questo caso è preferibile applicare il ritaglio a screpolatura avvenuta.
Ma esiste anche un tipo di craquelé che può essere applicato sull'oggetto già decorato con la carta. Tutte le vernici usate sono atossiche e a base d'acqua.

Materiali: ***scatola di cartone, colore a base acrilica oro e bianco, pennello per colore, carta e colla da découpage, due vernici per il craquelé step 1 e step 2 classic, porporina.***

1 Stendete il colore acrilico oro su tutta la superficie della scatola. In questo caso è stata usata la tonalità oro antico.

2 Prima che il colore sia completamente asciutto (10-15 minuti), stendete con il pennello piatto la vernice step 1.

tecniche e materiali

3 Quando lo step 1 è perfettamente asciutto (dopo circa 30 minuti) stendete il colore acrilico bianco.

4 Prima che il colore sia perfettamente asciutto, stendete lo step 2 in modo uniforme e abbondante.

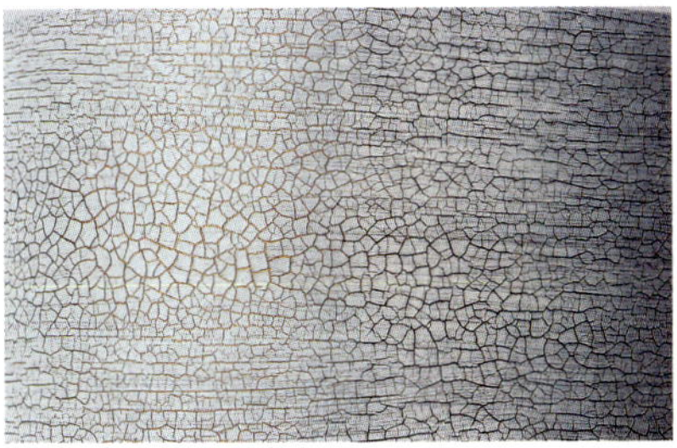

5 Dopo circa un'ora il colore bianco comincerà a fessurarsi scoprendo il colore oro antico. A seconda dello spessore dello step 2, le crepe ottenute saranno più o meno sottili.

6 Con il pennello-spugna passate la polvere d'oro (porporina) che si depositerà nelle fessure. In alternativa incollate prima il ritaglio di carta sulla superficie già screpolata e, una volta asciutto, passate la polvere d'oro.

In queste tre scatole è ben visibile l'effetto craquelé ottenuto con un colore blu, bianco e rosso su una base comune colore oro.

Il craquelé: metodo a screpolatura fine

Con due vernici di nuova concezione, sempre a base d'acqua e atossiche, si può ottenere un craquelé a screpolatura finissima, ideale per la carta e, quindi, per il découpage.

Materiali: ***scatola di cartone, colore a base acrilica oro e bianco, pennello per colore, carta e colla da découpage, due vernici per il craquelé step 1 e step 2 classic, porporina.***

1 Ritagliate le lettere dal foglio e disponetele sul cartoncino secondo il vostro gusto.

2 Decisa la distribuzione delle lettere sul cartoncino, isolate il piano di lavoro con un foglio di nylon e stendete la colla sul retro di ogni lettera che verrà poi incollata.

3 Isolate tutta la superficie con uno o due strati di colla, lasciando passare almeno 30 minuti fra uno strato e l'altro.

4 Distribuite con il pennello piatto una mano di step 1 e lasciate agire 30 minuti.

5 Stendete lo step 2; dopo un'ora si evidenzieranno delle fessure sottili, molto simili a quelle naturali prodotte dal tempo. I tempi di formazione delle screpolature sono variabili a seconda dell'umidità presente nell'aria. Si può accelerare il fenomeno con un diffusore ad aria calda, un fon per capelli, posizionato per pochi minuti a una certa distanza dal lavoro.

6 A questo punto la tradizione artigianale vuole che le fessure vengano scurite e il prodotto usato tradizionalmente è il colore a olio bitume o terra di Siena. Per evitare di utilizzare prodotti a base oleosa, è stata distribuita su tutta la superficie del lavoro della cera protettiva scurente alla quale si può aggiungere una puntina di colore acrilico nero o marrone terra d'ombra bruciata, oppure acrilico color rame o addirittura oro, a seconda dell'effetto che si vuole ottenere.

carta e cartone

LA CARTA MARMORIZZATA

La carta marmorizzata o pavonata è realizzata appoggiando un foglio di carta sulla superficie di un liquido preparato in precedenza con inchiostri tipografici, di china o colori a olio. Sul foglio, messo ad asciugare come un panno, rimangono impressi disegni a strisce, a gocce, pettinati.

Materiali: *carta marmorizzata, forme in gesso, polistirolo o carta pressata, forbici, pennello, colla vinilica.*

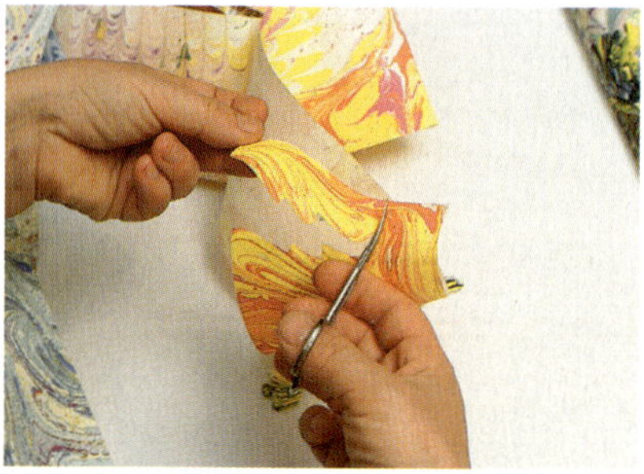

1 Tagliate la carta a piccoli ventagli seguendo l'andamento del disegno.

2 Stendete la colla vinilica sulla superficie dell'oggetto che, in alcuni casi può essere anche di polistirolo.

3 Incollate i ventaglietti sovrapponendoli leggermente e fondendo bene i colori. Per lucidare la superficie, stendete due o tre mani di colla.

Forme in gesso, polistirolo e carta pressata da rivestire con carta marmorizzata.

*Questo set da scrivania, realizzato in cartonnage,
è rivestito di carta marmorizzata rosa chiaro
e decorato con angioletti adagiati sulle cornici dorate.*

In alto a sinistra, cartoncini per il menu; per realizzarli, ritagliate il bordo della carta lungo la decorazione; a destra, invece, ecco come personalizzare buste e lettere con un apostrofo in carta marmorizzata.
In basso, ghirlandine di fiori in rosa e azzurro per l'annuncio di una nascita e graziosi segnaposto per il periodo natalizio e per una festa di compleanno.

La scatola in finto marmo

Se siete già riusciti a ottenere un effetto marmorizzato con i suggerimenti alle pp. 18 e 19, potete cimentarvi con la decorazione di questa scatola per la quale, considerato lo stile particolare, abbiamo scelto un bel disegno di angeli tracciati a china in bianco e nero.

Materiali: ***scatola, carta da ritagliare, colore bianco e colore verde, un pennello per il colore, un pennello per lo spolvero, sacchetto di plastica, lacca anticante, colla per découpage, cera neutra di finitura.***

1 Dopo aver colorato la scatola di bianco, attendete la completa essiccazione e passate il colore verde. A questo punto le prossime tre fasi devono susseguirsi con una certa velocità perché la caratteristica più positiva del colore acrilico, cioè la rapidità di essiccazione, può diventare un ostacolo se non si interviene con sicurezza e rapidità.

2 Con il sacchetto di plastica appallottolato tamponate la superficie in modo da creare un fondo dai particolari effetti di chiaroscuro.

3 Con il pennello morbido, e con un movimento a zig zag, create delle sfumature in modo irregolare.

4 Con il pennellino piccolo colorato di bianco diluito, realizzate delle sottili venature.

5 Con lo stesso pennello, bagnato d'acqua, toccate appena il colore della riga da poco tracciata: questa sfumerà in modo naturale. È consigliabile che le ultime due operazioni vengano eseguite su un solo lato per volta della scatola, per poter lavorare a colore ancora umido.

6 Dopo aver ritagliato gli angioletti e averli invecchiati utilizzando una lacca anticante, incollateli sul retro e fateli aderire al coperchio della scatola.

7 Come vernice di finitura, è stata stesa anche qui la lacca anticante che conferisce una colorazione lucida e ingiallita, adatta all'oggetto. La lacca è a base di alcol e pertanto volatilizza in fretta. È importante, per evitare aloni, stenderla con un pennello piatto, non ripassare dove si è già passati ed eventualmente finire con una cera protettiva.

IL CESTINO PORTACARTE

Molto spesso è l'oggetto a guidare la scelta della carta. In questo caso è successo il contrario. Questa bella immagine di dama dell'Ottocento ha suggerito la scelta degli oggetti. Il medaglione più grande è servito ad arricchire una scatola di gusto barocco, mentre i quattro medaglioni piccoli hanno fornito il pretesto per spiegare come utilizzare la foglia d'oro con lo stencil su di un cestino portarotoli.

Materiali: ***colore acrilico ottenuto mescolando bianco, verde scuro, più una punta di nero e di giallo ocra, colore acrilico oro, carta e colla da découpage, forbici, foil, porporina, foglia oro, mascherina stencil, colla superadesiva, pennelli.***

1 Dipingete il cestino e la scatola con il colore ottenuto mescolando le tonalità indicate nei materiali e lasciate asciugare bene. Il cartone assorbe molto bene l'acqua per cui si consiglia di non diluire eccessivamente il colore.

2 Dopo aver ritagliato e incollato il medaglione sulla superficie asciutta, preparate la giusta quantità di colore acrilico oro, mescolatevi un poco di porporina e delineate il contorno dell'ovale.

3 Appoggiate la mascherina di acetato con il disegno prescelto sul bordo del cestino e su tutte le parti su cui desiderate realizzare una decorazione a foglia d'oro. Tamponate, con il pennello-spugna appena inumidito e ben strizzato, la colla superadesiva negli spazi vuoti della mascherina stencil.

4 Dopo circa 30 minuti, appoggiate la foglia d'oro dalla parte opaca e premete con l'apposito pennello.

5 Togliete il foglio e adagiatelo di nuovo fino a quando otterrete la doratura dell'intensità desiderata.

6 Lasciate passare alcune ore e stendete uno strato di lacca anticante su tutta la superficie, comprese le dorature che assumeranno così una patina di oro antico.

I VENTAGLI

I ventagli di carta colorata si possono acquistare in merceria o nei negozi di bricolage. Costano poco e sono un originale suggerimento da utilizzare nelle afose serate estive.

Materiali: *ventaglio di carta, carta da découpage, forbici, pennello, colla vinilica.*

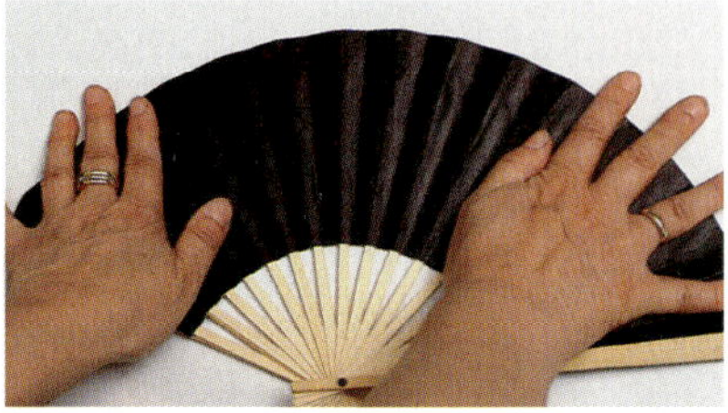

1 Stendete bene il ventaglio.

2 Incollate i motivi prescelti tendendoli sulla carta. Quando la superficie sarà asciutta, richiudete con cura il ventaglio controllando che non vi siano scollature.

ceramica e coccio

Un prezioso contenitore

Il vaso utilizzato per questa realizzazione, di forma essenziale e moderna, dopo la decorazione con il finto lapislazzuli si è trasformato in un oggetto unico e importante.

Materiali: *vaso di ceramica, colore acrilico nelle tonalità descritte a p. 24, spugna, pennelli per il colore e per le venature, foil e colla superadesiva, carta da découpage, forbici e cartoncino a forma ovale.*

1 Preparate i colori come descritto per il finto lapislazzuli alle pp. 24 e 25 e distribuiteli uno alla volta sulla superficie del vaso, senza mescolarli.

2 Tamponate con la spugna. Una volta che il lavoro sarà asciutto, macchiate la superficie con il colore bianco e sfumate. Ultimate con le venature tracciate sottili e nette.

3 Tracciate sulla superficie del vaso il segno di riferimento dell'ovale con il cartoncino e tamponate con la colla superadesiva di preparazione al foil. Dopo 30 minuti applicate il foil dalla parte opaca e rimuovete.

ceramica e coccio

4 Attendete 2 ore circa e, dopo aver ritagliato l'immagine di carta, incollatela sull'ovale dorato, facendo attenzione a posizionarla nel centro.

5 Mescolate un po' di porporina alla lacca anticante e distribuite velocemente su tutta la superficie.

Il finto lapislazzuli è una tecnica di forte impatto visivo che richiede, per mettere in risalto tutta la sua preziosità, di essere applicata a oggetti piccoli, come questo portatovaglioli in ceramica.

Vassoio tavolino

I fiori utilizzati per le mattonelle del tavolino sono decalcomanie per ceramica molto semplici da utilizzare. Basta immergerle in acqua per circa trenta secondi e, non appena il decoro si muove sul supporto, premendo con le dita farlo scivolare sull'oggetto da decorare.

Materiali: ***vassoio con supporto tavolino, colori acrilici verde scuro, nero, beige, pennelli, piastrelline, strisce di legno per la cornice interna, colla per piastrelle, spatola.***

1 Carteggiate bene il legno, preparate il colore mescolando nelle proporzioni desiderate i colori a base acrilica e dipingete il tavolino, tranne il piano.

2 Stendete la colla per piastrelle e disponetevi sopra le piastrelline una a una e, intorno, più le strisce di legno a mo' di cornice. Lasciate asciugare una giornata.

3 Immergete le decorazioni una a una nell'acqua.

4 Dopo 30 secondi, fatele scivolare sulla piastrella. Questa operazione si può eseguire prima oppure dopo aver sistemato le mattonelle sul vassoio.

5 Stendete una mano uniforme di vernice opaca sulle piastrelle e su tutta la superficie di legno del tavolino.

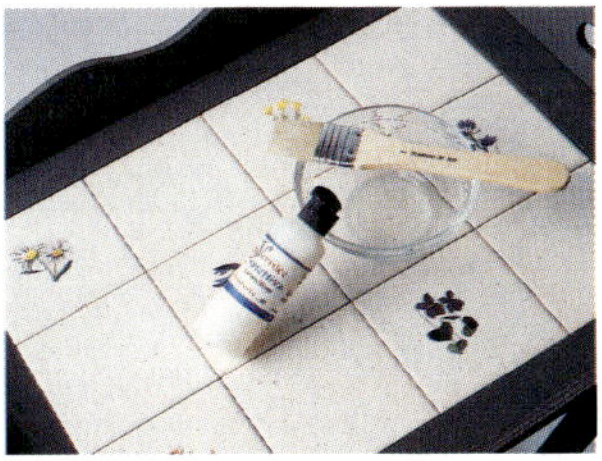

Sul fiume

Un intervento decorativo per l'immagine di questa bella famiglia di anatre sul greto di un fiume. Il disegno del tovagliolo di carta viene utilizzato solo in parte: acqua, canne e cielo del paesaggio vengono infatti disegnati a mano libera per accogliere poi i ritagli, scegliendo la disposizione dettata dalla forma stessa dell'oggetto.

Materiali: *scatola di ceramica biscotto, tovagliolino con anatre, fondo trasparente protettivo, colori acrilici giallo, rosso, verde, blu, bianco, pennelli da ritocco e da acquarello, acqua, colla da découpage, vernice opaca protettiva, pennello-spugna.*

1 Dopo aver protetto la base, stendete, alla distanza di un'ora l'uno dall'altro, due strati di colore acrilico bianco. Dipingete sul coperchio della scatola un paesaggio fluviale con acqua, cielo, canne, badando a trasportare il colore con molta acqua, per creare un effetto acquerellato.

2 Ultimato il disegno che farà da sfondo al découpage, ritagliate l'immagine delle anatre da sole, eliminando lo sfondo. Appoggiate il ritaglio di carta sul coperchio e ricoprite con colla per tovagliolini. Tamponate con pennello-spugna asciutto.

3 Passate ora alla fase di finitura del découpage ricoprendo con diverse mani di vernice protettiva opaca tutto l'oggetto.

Vasi e ciotole

I vasi e le ciotole di coccio possono essere usati come portavasi, portamatite, bomboniere, portadolci o portafrutta.

Vaso interamente rivestito con ritagli di carta marmorizzata.

I vasetti possono essere decorati con immagini di ortaggi, fiori e uccellini o di quanto ci suggerisce la nostra fantasia. Non è necessaria alcuna preparazione della superficie. I ritagli di carta si incollano direttamente sul vaso.

Per realizzare questi vasetti, prima di eseguire la decorazione in découpage è stata colorata (spugnata) la superficie dei vasi utilizzando una spugna naturale e colori acrilici.

LA CALLA

Un fiore aereo, flessuoso e dai tono delicati: la calla è un soggetto molto adatto da inserire nelle case di oggi e che non tramonta mai. L'immagine del fiore è stata ricavata da un tovagliolino e incollata su oggetti color bianco avorio; i suoi contorni delicati a un certo punto svaniscono nel bianco del fondo integrandosi completamente con esso.

Materiali: ***vaso di terracotta, fondo protettivo, smalto all'acqua color avorio, tovagliolo con calla, pennello piatto, pennello spugna, colla speciale per tovagliolino, vernice protettiva opaca all'acqua.***

1 Proteggete il vaso con una mano di fondo protettivo e verniciatelo con due mani di smalto color avorio, lasciando asciugare bene lo smalto fra una mano e l'altra.

2 Ritagliate la calla dal tovagliolino e rimuovete i due strati sottostanti, tenendo come sempre soltanto il primo dei tre veli.

3 Appoggiate la calla al vaso asciutto e, partendo dal centro, spalmate il ritaglio con colla per tovagliolini. Lasciate asciugare e ricoprite con vernice protettiva opaca all'acqua.

RITRATTI E LAPISLAZZULI

Eseguire un découpage su superfici convesse non è facile in quanto la carta, per poter aderire e adattarsi alla rotondità dell'oggetto, deve essere incisa lungo i margini con le forbici e il risultato, alla fine, non risulta sempre gradevole. L'immagine-pellicola, eseguita con una speciale vernice chiamata Transcryl, essendo elastica può essere adattata perfettamente alle rotondità dell'oggetto permettendo un risultato finale perfetto.
Dato che la pellicola è trasparente, dovrà essere incollata su un piano di colore chiaro per poter far risaltare i colori dell'immagine.

Materiali: ***fotocopia a colori da un catalogo d'arte, un vaso di terracotta dipinto a lapislazzuli, vernice transcryl, pennello piatto, pennellini da ritocco, vernice dorata, vernice all'acqua trasparente, flatting, cera neutra, lana d'acciaio, carta vetrata 800-1200.***

1 Eseguite una fotocopia a colori dell'immagine da trasferire (questa è Lucrezia Panciatichi del Bronzino). Fate attenzione a utilizzare solo carte porose, non lucide o patinate. Applicate uno strato di vernice in verticale sull'immagine, facendo fuoriuscire il prodotto per un centimetro oltre i margini del disegno. Lasciate essiccare per 20 minuti.

2 Ripetete l'operazione per altre tre volte, alternando il verso del pennello in orizzontale e in verticale. Attendete 20 minuti fra uno strato e l'altro.

3 Lasciate riposare 24 ore. Ritagliate 0,5 cm oltre il contorno del disegno dell'immagine plastificata. Immergete la carta in acqua tiepida per 20 o 30 minuti, per favorire il distacco dell'immagine.

4 Togliete la carta a tergo dell'immagine avvolgendola con le dita o con una spugna raschiante umida. Ripulite con acqua la pellicola di plastica sulla quale si trova riprodotta l'immagine e, dopo averla lasciata asciugare, utilizzatela per eseguire il découpage sul vaso, incollandola con la stessa vernice di cui è composta.

5 Ritoccate i contorni dell'immagine con vernice dorata. Più mani di vernice e una finitura con cera neutra, renderanno il vostro oggetto prezioso e unico.

legno

Scatola classica

La scatola qui proposta è realizzata con ritagli di due tipi di strisce di "Dipinti". I soggetti sono costituiti da lastre di finto marmo incorniciate a riquadri e strisce di finto marmo con soggetti neoclassici in bianco e nero.

Materiali: ***scatola, carta da ritagliare, colore bianco e colore verde, un pennello per il colore, un pennello per lo spolvero, borsa di plastica, lacca anticante, colla per découpage, cera neutra di finitura.***

1 Dopo aver decorato la base di legno con un effetto di finto marmo giallo chiaro, stendete uno strato di colla sui laterali della scatola. Togliete la pellicola di protezione alla striscia del "Dipinto" già tagliata in misura.

2 Fate aderire la striscia dalla parte lucida sulla parete della scatola appena incollata.

3 Passate 6-8 ore, bagnate con la spugna la striscia, delicatamente, per qualche minuto.

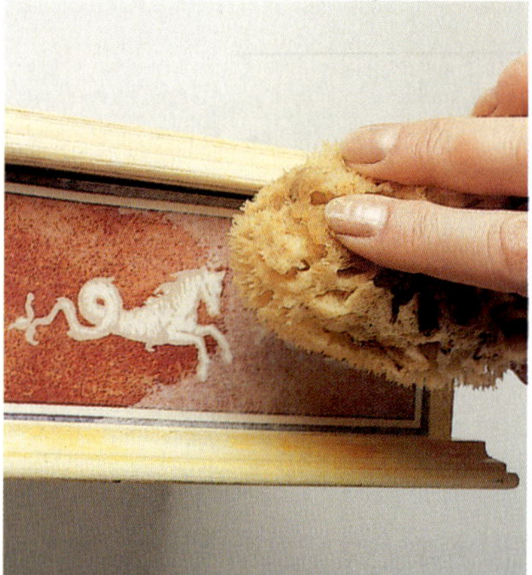

4 Lentamente, con le dita, sollevate la pellicola di protezione. Tamponate. Il disegno che vedete è puro colore acrilico e pertanto può essere trattato come tale.
Isolate la superficie della scatola con colla da découpage.

5 Strofinate con una mano di cera invecchiante e, dopo 15 minuti, lucidate.

SCATOLE DI BETULLA

Con la tecnica del découpage si confezionano scatole, piccoli bauli, cofanetti da utilizzare come contenitori o piccoli regali. Si trovano facilmente in commercio scatole in betulla con varie dimensioni.

Un cofanetto di legno dalle gradevoli dimensioni è stato carteggiato eliminando anche la ruggine sugli anelli laterali e sulle serrature. Dopo aver steso una base di cementite, levigata poi con carta vetrata sottilissima, la superficie è stata dipinta in azzurro e verde chiaro. Per le decorazioni sono state ritagliate carte regalo non patinate. La finitura è stata eseguita con vernice spray.

La superficie della scatola qui accanto è stata spugnata con colori acrilici. Figurine di stile vittoriano e stelle sono applicate sul lato e sul coperchio in una armoniosa composizione.

I coperchi di queste scatole in balsa sono stati decorati con sottilissimi fogli a oro. Per realizzare la decorazione raffigurante al centro una figura di bambina in stile vittoriano e un ramoscello di agrifoglio sulla cornice, stendete la colla in modo uniforme e appoggiate la parte dorata del foglio sulla superficie incollata, ripassando delicatamente con un pennello morbido. Rimuovete infine la cartina di protezione. Eventuali rotture si rimediano mimetizzandole con un po' di colore liquido (gradazione del verde spento). La finitura è realizzata con gomma lacca.

Nella foto qui sotto, una scatola di legno dall'ovale molto allungato spugnata con giallo ocra presenta al centro del coperchio, tre tenerissimi gattoni in posa per un ritratto. Completate la decorazione con cera solida bianca lucidata con un panno morbido.

Decorare le cornici

1 Stendete una mano di cementite. Quando la superficie sarà ben asciutta, carteggiate con cura e procedete a una spugnatura con colori acrilici.

2 Applicate le figurine ritagliate stendendo la colla prima sul retro.

3 Passate poi alcune mani di colla vinilica su tutta la superficie.

Un vecchio armadio di famiglia, un po' austero trova una nuova collocazione nella cameretta dei bimbi grazie all'allegra decorazione realizzata con una bella striscia scelta fra i "Dipinti".

1 Prendete le misure dello spazio sul quale realizzerete la decorazione e ritagliate in misura il "Dipinto" scelto, in questo caso due strisce con soggetto infantile. Stendete uno strato di colla.

2 Appoggiate la striscia già tagliata in misura dalla parte lucida, dopo aver rimosso il foglio protettivo.

3 Attendete 6-8 ore e tamponate delicatamente con una spugna bagnata su tutta la superficie del decoro. Togliete la pellicola e lasciate essiccare il colore perfettamente.

4 Isolate il lavoro con colla da découpage. Passate uno strato di cera protettiva invecchiante e lucidate.

Porta abiti decorato con cifre e motivi classici fotocopiati.

Una severa angoliera è resa meno cupa dalla ricca composizione di motivi monocromatici. Il taglio dei piccoli tralci di fiori che si attorcigliano lungo le colonnine ha richiesto molta attenzione e precisione.

I vecchi portavasi sono elementi d'arredo sempre piacevoli e facili da inserire in qualsiasi ambiente. Per recuperarli, carteggiate la superficie, passate una mano di cementite e levigate con carta vetrata sottile.

Il portavasi qui raffigurato è stato ravvivato con una composizione di note musicali sulle quali sono sovrapposti pianoforti di varie epoche e ritratti di compositori. Sul ripiano sottostante corre la silhouette di un'orchestra.
Il lavoro, eseguito utilizzando delle fotocopie, è rifinito con vernice spray.

La severità della linea di una poltroncina abbandonata e rovinata dal tempo è alleggerita dall'allegra composizione esotica: pappagalli e tucani tra fiori tropicali svolazzano su schienale e braccioli.
Anzitutto preparate la sedia lavandola, eliminando la vecchia vernice, cambiando la copertura del sedile.

1 Eseguite la decorazione in découpage e procedete quindi alla verniciatura.

2 Passate più mani di vernice fino a far scomparire lo spessore della carta. Sulla nostra poltroncina sono state date sedici mani di vernice.

3 Fra una mano e l'altra è necessario lasciare asciugare bene e carteggiare la superficie con lana d'acciaio fine, usata da mobilieri e restauratori. In alternativa si può usare anche carta vetrata sottilissima.

Vassoio con cornice trompe-l'oeil

Dai contorni ben delimitati e dal gusto vagamente country, questa stampa richiedeva una cornice semplice, a un colore o tutt'al più due. La scelta del colore di fondo del vassoio si è orientata verso una tinta scura per mettere in risalto le tonalità calde del disegno.

Materiali: *vassoio di legno color verde molto scuro, forbici e stampa di carta, colla per découpage e pennello piatto, lacca anticante per la finitura.*

1 Con un pennello sottile o con un pennello-serbatoio, passate il colore a base acrilica bianco sui bordi che delimitano il vassoio.

2 Con la squadra e una matita di colore bianco, riportate i contorni della stampa individuando la collocazione centrale.

3 Con il pennello sottile e il colore bianco, dipingete la linea della cornice in tutte le sue sfumature. Se si è alle prime armi, può essere utile eseguire prima uno schizzo a matita tenera su di un foglio.

4 Se la stampa si presenta lucida, è consigliabile immergerla qualche secondo in acqua.
Stendete la colla da découpage sul retro dell'immagine e incollate all'interno della cornice dipinta accompagnando la carta con il pennello in modo da far fuoriuscire tutta l'aria.

5 Una volta che il lavoro sarà asciutto, stendete uno strato di lacca anticante che donerà al lavoro una bella trasparenza giallo oro.

Con foglie d'acanto

Questo bellissimo bordo "Dipinto" con fiori, volute e foglie d'acanto ricorda i ritagli delle stampe in bianco e nero di tipo classico che erano in voga nel XVIII secolo e che venivano dipinte successivamente a mano.
La base in finto marmo grigio scuro su cui è poggiato il bordo "Dipinto" e la laccatura finale donano a questo vassoio un'aria di stile decisamente settecentesco.

Materiali: ***vassoio di legno grezzo, colore acrilico nero e bianco, pennelli, colla da découpage, vernice protettiva opaca, lacca anticante, step 1 e step 2 per screpolature fini, striscia "Dipinti" raffigurante foglie d'acanto su fondo rosa.***

1 Dipingete il vassoio di un colore bianco avorio, attendete l'essiccazione completa e stendete il colore grigio scuro. Procedete alla decorazione con finto marmo come illustrato alle pp. 18 e 19.

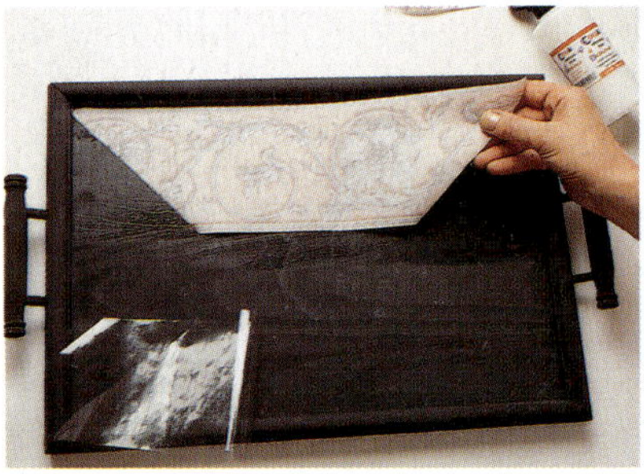

2 Tagliate in misura il "Dipinto", seguendo bene i tagli d'angolo, aiutandovi magari con un cartoncino. Applicate la striscia e isolate con colla da découpage tutto il vassoio.

3 Stendete, sul fondo del vassoio, le due vernici step 1 e step 2 per screpolature sottili, seguendo le indicazioni per il craquelé a screpolatura fine alle pp. 28 e 29. A craquelé avvenuto, applicate la lacca anticante su tutto il vassoio.

4 Isolate quindi il tutto con uno strato di vernice lucida protettiva.

Vassoio floreale

Un vecchio vassoio in legno è perfetto per l'utilizzo della tecnica della screpolatura con il metodo a due componenti, ideale per conferire al lavoro un aspetto omogeneo e naturalmente invecchiato.

Materiali: *vassoio, colore acrilico avorio, colori acrilici nelle tonalità fra il verde, l'arancio e il giallo oltre al terra d'ombra naturale, medium ritardante, carta con le rose, colla da découpage, pennelli piatti, pennellini da ritocco, ritaglio di gommapiuma, vernice flatting sintetica opaca, gomma arabica già pronta o da preparare, colore a olio terra d'ombra naturale e medio essiccante, vernice all'acqua, cera neutra.*

1 Dipingete il vassoio in modo uniforme con il colore avorio. Ritagliate il soggetto di carta che incollerete nella posizione centrale e ricoprite tutto il vassoio con uno strato di colla vinilica. Lasciate asciugare bene.

2 Solo a questo punto, prima di stendere le vernici screpolanti, se lo desiderate potete intervenire con ritocchi pittorici. Nel nostro caso sono state create delle sapienti sfumature chiaro-scure con l'aiuto di colori acrilici, medium ritardante, pennellini e spugnetta di gommapiuma. Ad asciugatura avvenuta, stendere una mano di vernice flatting sintetica opaca su tutta la superficie dell'oggetto.

3 Lasciate il vostro lavoro in luogo asciutto e privo di polvere iniziando a controllare dopo circa due ore lo stato della superficie che dovrà essere asciutta al tatto ma leggermente appiccicosa alla pressione. A quel punto stendete una mano di gomma arabica in modo uniforme, tirandola con il pennello fino a quando non avrete ricoperto completamente l'oggetto.

4 Lasciate asciugare all'ombra evitando fonti di calore. In caso di eccessiva umidità, che potrebbe pregiudicare la formazione delle crepe, ponete l'oggetto sotto un ventilatore d'aria. Dopo 48 ore iniziate la fase di annegamento con vernice all'acqua, ultimata la quale si passerà alla finitura dell'oggetto con vernice sintetica ed eventualmente cera.

Effetto cuoio

Una vernice screpolante particolare. I due componenti, applicati uno sull'altro, determinano una screpolatura del tutto simile alle pieghe della pelle o del cuoio. Da qui l'idea di realizzare questo set in découpage e "cuoio" marrone.

Materiali:
scatola di legno a libro, rubrica, scatola ovale, medium I e II per screpolature, patina universale per le crepe, pennelli piatti, colori acrilici avorio, terra d'ombra naturale, rosso, spugna naturale, carta da découpage con soggetti ninfea, colla vinilica, pellicola decorativa dorata, colla per pellicola 3D, vernice finale di protezione.

1 Trattate il legno con lo speciale fondo, poi dipingete la scatola di color avorio meno le "copertine del libro" sulle quali passerete la spugna con i colori marrone e rossiccio mescolati. Ricavate un piccolo rettangolo sul coperchio della scatola corrispondente alla copertina superiore del libro e dipingetelo di bianco avorio; su questo incollerete la figura della ninfea.

2 Passate la prima vernice per screpolature medium I in modo abbondante solo sulla parte di scatola colorata di marrone. Lasciate asciugare fino a quando il medium diverrà trasparente. Fate la stessa operazione sugli altri oggetti, la scatola e la rubrica, ma solo sulle parti colorate di marrone.

3 Applicate il medium II e lasciate asciugare. In breve si formeranno delle screpolature a imitazione della pelle. Strofinate ora la patina universale e togliete subito l'eccedenza con uno straccio inumidito d'acqua.

4 Per impreziosire la rubrica, rifinite il dorso con una riga sottile di colla per pellicola 3D direttamente dal flaconcino; quando questa diventerà trasparente, appoggiatevi la pellicola metallica. Premete con un pennello per far aderire il colore dorato alla striscia di colla. Ripetete se necessario.

Ecco come appare il dorso in "pelle" con la finitura in oro della rubrica. Giocando con i colori sarà facile creare oggetti di pelle bianca, rossa o del colore preferito. Se volete ottenere una pelle di coccodrillo, lucida, saltate il passaggio della patina e stendete direttamente la vernice lucida finale.

metallo

ROMANTICHE ROSE

Un vecchio contenitore di alluminio per il latte, ormai sostituito dal più igienico ma triste tetrapak, torna a far parlare di sé una volta trasformato in un oggetto gradevole da inserire in un arredo rustico.

Materiali: *antiruggine opaca bianca, colore acrilico bianco e verde, spugna naturale, pennelli, fotocopie a colori di cartoline, colla per découpage, pennello-spugna, patina invecchiante o cera colorata.*

1 Ricoprite l'oggetto di alluminio con una mano di antiruggine bianca opaca e successivamente con l'acrilico bianco. Con una spugna naturale, tamponate le due superfici laterali del contenitore usando il colore acrilico verde.

2 Ritagliate accuratamente la fotocopia della cartolina che avete scelto come immagine e incollatela sulla superficie sfumata.

3 Diluite un po' di colore a olio terra di Siena naturale con del medium essiccante e strofinate con uno straccio su tutta la superficie, lasciando che in alcuni punti si depositi naturalmente. Se preferite una colorazione meno marcata, finite con cera colorata.

Vaso gardenia

Un vaso originale che, trattato in modo adeguato, produrrà un effetto altrettanto originale. La screpolatura della superficie è stata ottenuta come illustrato alle pp. 26 e 27.

Materiali: ***un vaso di metallo alto e stretto, primer o altro aggrappante, colore acrilico avorio, verde bosco e terra d'ombra naturale, pennelli piatti, pennello spugna, nastro adesivo di carta, colla da découpage, carta da découpage, soft paper, vernice screpolante a un componente.***

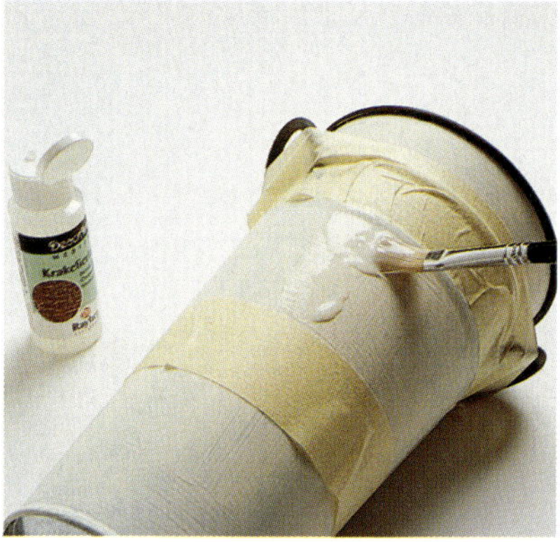

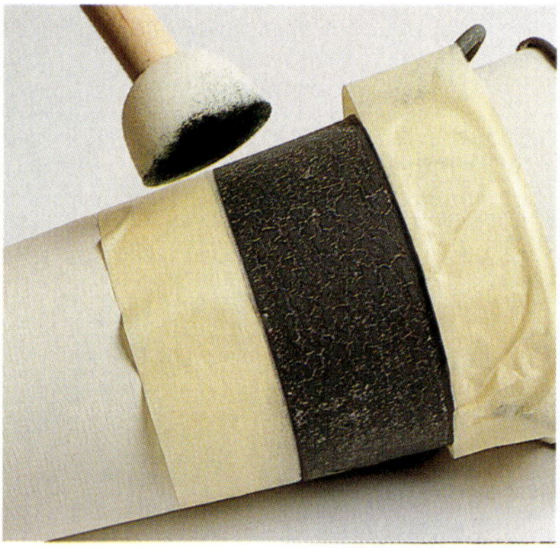

1 Dopo aver pulito perfettamente il vaso con un panno imbevuto di alcol, distribuite uno strato di primer ricoprendolo completamente. Stendete il colore acrilico avorio in modo uniforme su tutta la superficie del vaso mettendo in evidenza manici, bordo ed interno del vaso con il colore verde scuro. Lasciate asciugare bene.
Con il nastro di carta delimitate una fascia nella parte alta, esterna al vaso. Distribuite la vernice screpolante all'interno di questo spazio e nella stesura procedete con il pennello in una sola direzione. Lasciate asciugare.

2 Preparate il colore contrastante e distribuitelo sull'intera fascia. Fate attenzione: non ripassate mai il colore due volte sullo stesso punto in quanto la screpolatura ha un effetto pressoché immediato e, ripassandovi sopra il colore, annullereste questo effetto. Un piccolo segreto: se applicherete il colore con il pennello spugna, come nella foto, le screpolature saranno molto omogenee e rotondeggianti. Se lo applicherete con il pennello, prenderanno il verso della pennellata. A voi la scelta.

3 Incollate ora il ritaglio prescelto facendo in modo di non coprire completamente la fascia screpolata in quanto la carta, anche se sottile, non fa trasparire le screpolature.

4 A questo punto potete eseguire gli interventi pittorici desiderati per valorizzare l'oggetto secondo il vostro gusto.

vetro

Raggi dorati

Un magnifico sole, realizzato con la tecnica del découpage "sotto vetro", cioè eseguendo le applicazioni sul retro della superficie, rallegrerà e scalderà anche la più grigia giornata autunnale.

Materiali: ***piatto di vetro, carta da découpage con un sole, colore acrilico ocra, bianco, sinopia, blu reale, tavoletta graduata, colla magnetica, colla vinilica, vernice aggrappante, vernice screpolante monofase, carta da disegno, pennarello, compasso, riga, pennellino da ritocco, pennello piatto, pennello spolverino di pelo di puzzola, abbursting, vernice all'acqua, vernice flatting, carta abrasiva.***

1 Ricoprite il dorso del piatto con uno strato di vernice aggrappante. Ritagliate la forma del sole dalla carta da découpage e incollatela al centro del dorso del piatto dopo averla bagnata e asciugata. Lasciate asciugare.

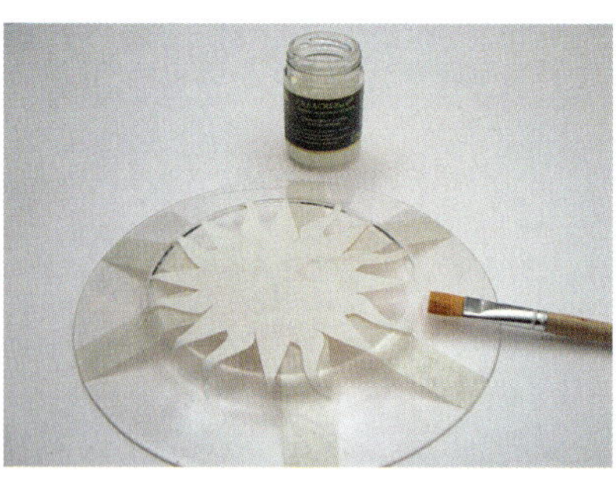

2 Disponete alcune strisce di nastro adesivo di carta sul davanti del piatto in modo da dividerlo in tre settori grandi e tre più piccoli, come illustrato in foto. Per compiere quest'operazione aiutatevi utilizzando una tavoletta graduata come guida.

3 Sul piatto capovolto, stendete la vernice craquelé monofase solo all'interno dei settori circolari più grandi delimitati dalle strisce di nastro adesivo.

4 Con riga e compasso, riproducete i tre settori circolari più grandi su alcuni fogli di carta e ritagliateli. Dividete i settori in quadretti e spalmateli di colla magnetica. Incollate i tre foglietti sul davanti del piatto, dritto contro dritto, in modo che si possa intravedere la quadrettatura dal retro del piatto in trasparenza.

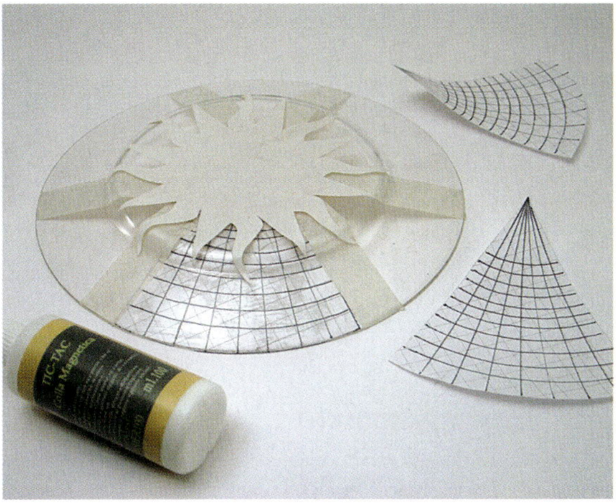

5 Sul retro del piatto, con il pennello da ritocco, dipingete i riquadri alternando i tre colori riportati all'interno della carta da découpage che sono: ocra, blu reale e sinopia. Noterete che il colore, appena steso, formerà le screpolature in quanto sulla superficie sottostante avevamo già provveduto a stendere la vernice screpolante.

6 Al termine del lavoro di ritocco ricoprite i tre settori rimasti liberi con la missione ad alcol e lasciate agire per il tempo indicato sulla confezione.

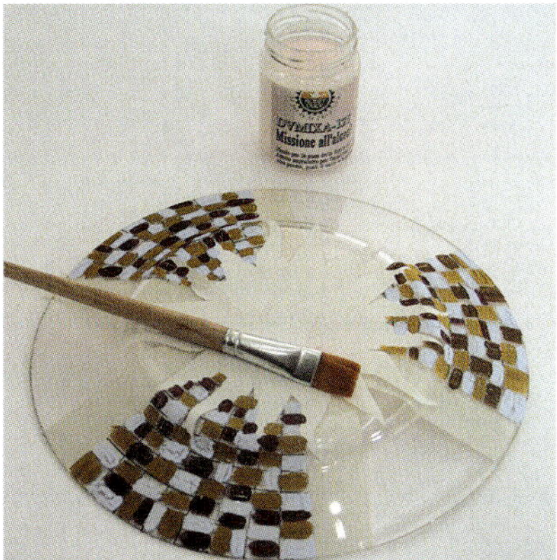

7 Versate in abbondanza l'abbursting a pagliuzze dorate sugli spazi con la missione, e lasciate agire per circa venti minuti.

8 Trascorso il tempo previsto, raccogliete l'abbursting in una scatola e strofinate delicatamente sulla superficie del piatto con il pennello spolverino in pelo di puzzola fino a quando la superficie risulterà perfettamente appiattita.

9 Ricoprite il lavoro con il colore acrilico bianco sui settori dipinti con i riquadri. Infine ricoprite tutto il lavoro con il colore ocra per rifinirlo. Una mano di vernice all'acqua e diverse mani di flatting completeranno l'opera.

I normali impregnanti per legno a base alcolica, esistenti in numerose colorazioni oltre che nei tradizionali colori per legno, possono efficacemente essere utilizzati in modo nuovo per il nostro découpage sotto vetro. Una volta steso il colore a pennello sul vetro, questo viene fatto seccare e decorato intervenendo con alcol denaturato distribuito in modo regolare o schizzato, a seconda dell'effetto desiderato.

Materiali: ***cache-pot di vetro, tovagliolino di carta con soggetto dai colori caldi, colla per tovagliolini, vernice aggrappante, colore acrilico bianco e nero, foglia d'oro, pennellino da ritocco, pennello in pelo di scoiattolo per afferrare la foglia d'oro, pennello spolverino in pelo di puzzola per stendere la foglia d'oro, pennello per stendere la colla, colore ad alcol tonalità noce scuro, contagocce, alcol denaturato, gommalacca, vernice all'acqua, vernice flatting, carta abrasiva.***

1 Capovolgete il cache-pot e picchiettate con una spugnetta imbevuta di colore acrilico oro sul bordo del cerchio di base fino a creare una corona dorata sfumata. Lasciate asciugare.

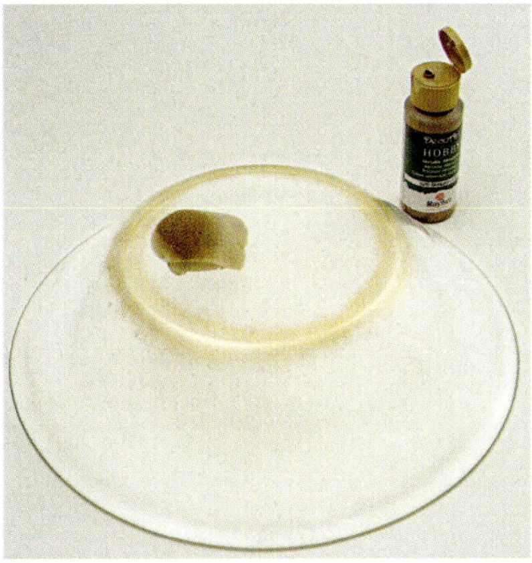

2 Strappate il tovagliolino, che dovrà avere i colori caldi dell'autunno che bene si accoppiano con i colori caldi dell'impregnante, appoggiatelo sul fondo del cache-pot e stendetevi sopra l'apposita colla per tovaglioli. Lasciate asciugare.

vetro

3 Ricoprite il tovagliolo con acrilico bianco perché i colori possano mantenersi intatti. Lasciate asciugare.

4 Con un pennello piatto, da usare solo per questi colori, stendete il colore noce scuro su tutta la superficie laterale dell'oggetto di vetro. Lasciate asciugare bene.

5 Riempite ora un contagocce con alcol denaturato e versatene una goccia alla volta sul bordo del contenitore lasciandola cadere lentamente. La goccia di alcol, scorrendo sul colore, lo scioglierà lungo il proprio percorso creando delle decorazioni molto naturali e gradevoli.

6 Terminato tutto il giro del bordo con il contagocce, lasciate asciugare bene come di consueto. Isolate con una spruzzata di vernice sintetica spray per impedire che gli interventi successivi compromettano il lavoro: il colore ad alcol è molto sensibile e si mescola facilmente con altri componenti ad acqua. Lasciate asciugare per il tempo necessario. Ricoprite ora tutto il dorso del contenitore con una missione ad acqua.

7 Lasciate agire per il tempo occorrente poi, aiutandovi con l'apposito pennello piatto in pelo di scoiattolo, afferrate la foglia d'oro. Una volta adagiata la foglia d'oro su tutta la superficie decorata, strofinate delicatamente con lo speciale pennello spolverino in grado di far aderire la foglia senza rovinarla.

8 Isolate ora la foglia d'oro con la gommalacca, lasciate asciugare e ricoprite con colore acrilico nero. Isolate con vernice trasparente all'acqua e più mani di vernice flatting intervallate da carteggiatura.

9 Rifinite con un bordo realizzato con una vernice dorata a solvente stesa con il pennellino da ritocco.

Ceramica attica

Sfogliando fra cataloghi e riviste d'arte, scoprirete una quantità indescrivibile di spunti per le vostre realizzazioni con il découpage.
In questo caso l'ispirazione è stata data da alcune splendide figure di ceramica su fondo nero.

Materiali: ***ciotola di vetro, riviste d'arte con ceramica attica, colore acrilico nero, verde, azzurro, beige, pennello piatto e da ritocco, colla vinilica, colla magnetica, forbici, piattini di plastica, carta da cucina, spazzolino da denti, vernice all'acqua, carta abrasiva.***

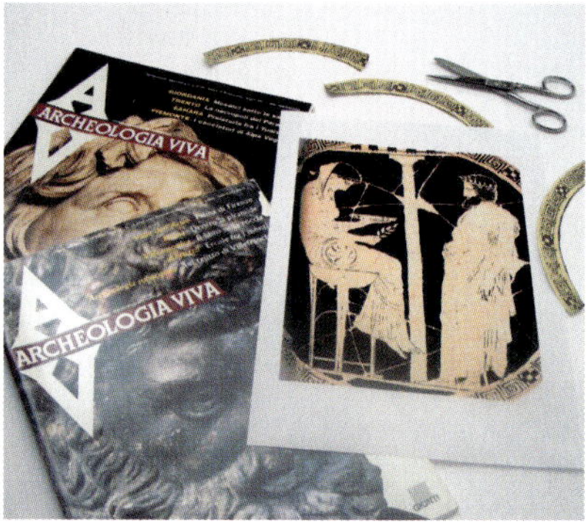

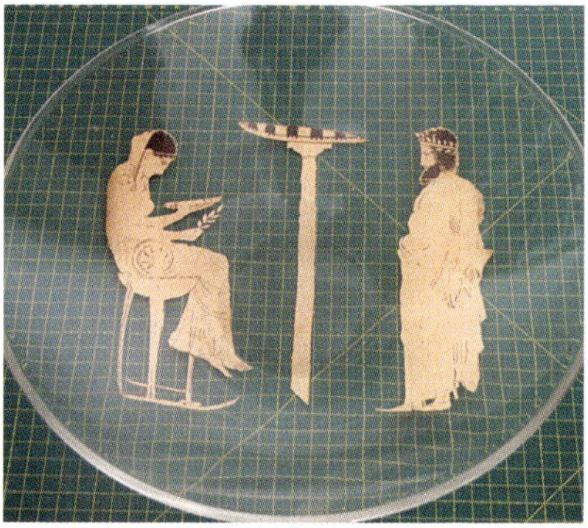

1 Fotocopiate le figure che vi interessano e ritagliatene i particolari che avete scelto di utilizzare.

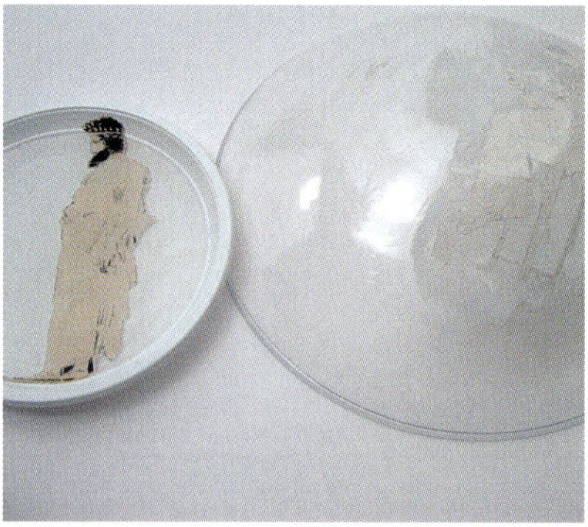

2 Dopo aver ritagliato tutte le parti che ritenete possano servirvi, provvedete a spalmare ogni ritaglio con un velo di colla magnetica. Questo vi permetterà di spostare a vostro piacimento le diverse figure e di avere una visione generale della decorazione, fino a individuare la collocazione definitiva.

3 Capovolgete la ciotola di vetro, immergete le figure ritagliate in un piattino d'acqua e poi provvedete ad asciugarle fra due fogli di carta da cucina.

4 Stendete un velo di colla vinilica non troppo diluita sul vetro e adagiatevi sopra le figure. Tamponate leggermente con la spugna per far fuoriuscire le bolle d'aria e per eliminare le pennellate.

5 Dopo aver atteso che le figure della parte centrale siano asciutte, raddrizzate la ciotola e applicate la decorazione ai bordi che avrete in precedenza spalmato di colla magnetica, dall'esterno. Fate in modo che i fregi non appaiano continui ma spezzettati, per ottenere un effetto "sbrecciato".

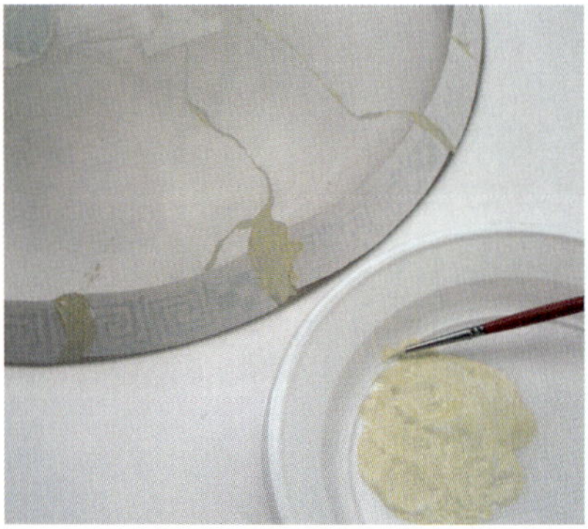

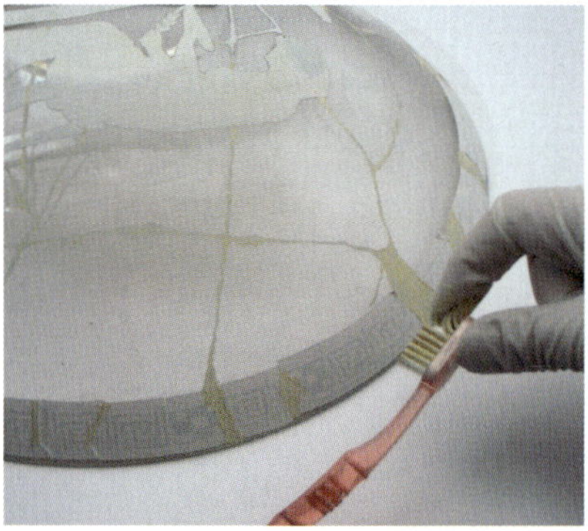

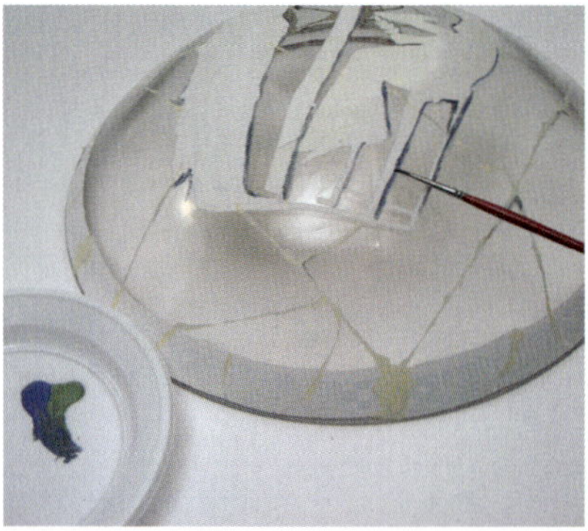

6 Rifacendovi ai colori reali delle illustrazioni, riproducete con il colore acrilico la tonalità delle sbrecciature della ceramica e create sul retro della ciotola, con l'aiuto di un pennello da ritocco, delle crepe, il più possibile simili a quelle originali.

7 Una volta terminato l'intervento di screpolatura, spruzzatevi sopra lo stesso colore precedentemente utilizzato aiutandovi con uno spazzolino da denti dalle setole piuttosto rigide.

8 Preparate un colore acrilico di una tonalità verde-azzurra simile a quella delle ossidazioni e ripassate qua e là, a ridosso delle figure, in modo da rendere ancora più verosimile l'intervento decorativo.

9 Terminate il lavoro applicando sul retro un colore acrilico nero e isolate con una vernice trasparente all'acqua e, infine, con una tipo flatting. Per rendere il retro il più liscio possibile, carteggiate a più riprese, intervallando la carteggiatura con più strati di vernice.

stoffa

RITAGLIARE LA STOFFA

Ritagliare un disegno da una stoffa e utilizzarlo per fare découpage è un'operazione che presenta non poche difficoltà specialmente quando i contorni sono articolati, complessi e soprattutto quando la stoffa in questione ha trama larga o è di consistenza troppo morbida.
Per evitare che il vostro ritaglio alla fine risulti sfrangiato e irregolare, si può ricorrere a una speciale carta termoadesiva, conosciuta bene da chi fa patchwork, che ha lo scopo di rendere compatta la stoffa permettendo di poterla ritagliare anche nelle parti più difficili come se fosse carta rinforzata.

1 Appoggiate la carta termoadesiva dalla parte ruvida sul retro della stoffa e passate con il ferro da stiro a secco per qualche secondo.

2 Seguendo il disegno sulla stoffa, ritagliate carta e stoffa unite insieme. A questo punto la carta si staccherà facilmente lasciando la parte incollata sul retro dell'immagine di stoffa che si presenterà compatto e utilizzabile come se fosse carta.

3 Il ritaglio così ottenuto può venire a sua volta incollato, sempre con ferro da stiro, su altra stoffa. È sufficiente una pressione di alcuni secondi sempre con il ferro da stiro.

4 Il ritaglio può anche essere incollato con colla da découpage su legno, metallo o altro materiale e successivamente isolato prima con uno strato di colla e poi con più strati di vernice da découpage.

SET DA SCRIVANIA

In commercio si trovano molte stoffe i cui motivi si prestano a essere ritagliati.
Con le forbicine ricurve tagliate accuratamente la stoffa. Applicate le decorazioni con colla vinilica non diluita e stesa utilizzando un pennellino.

Il set da scrivania è rivestito con tela da legatoria.
I motivi applicati sono quelli caratteristici del patchwork americano.

Recuperate e ritagliate con pazienza preziosi bordi di camicie, inserti di lenzuola, tende, ricami e merletti d'un tempo. Potrete dare un tocco romantico a scatole, portaritratti, vassoi... Applicate i ricami sulla stoffa con colla spray o con poca colla vinilica non diluita.

Sul portaritratti blu, ricoperto con tela da legatoria, è applicato un tralcio di fiori e foglie ricamati a punto pieno.
Vassoio moderno con piano in cristallo mobile. Sul fondo in cartone e tela da legatoria sono stati applicati fiori ricamati a punto catenella.

découpage 3D

Stile Wedgwood

Disegni di stile neoclassico, cupidi, decori e scene mitologiche su fondo blu Cina o azzurro sabbia, rigorosamente bianchi e in rilievo come le ceramiche inglesi che Josiah Wedgwood aveva lanciato nella seconda metà del Settecento. Questi oggetti non sono altrettanto preziosi ma sarà divertente rinnovare scatole o ceramiche in disuso, dipingendole e decorandole con le carte bianche in 3D in questo stile.

Materiali: *una scatola di legno, un pomello di legno per i cassetti, fondo per legno, colore acrilico azzurro, matita, pennelli piatti, colore rilievo bianco, cuscinetto di gomma, bulino, silicone trasparente, colla da découpage, vernici di finitura satinata effetto cera, carte per 3D wedgwood.*

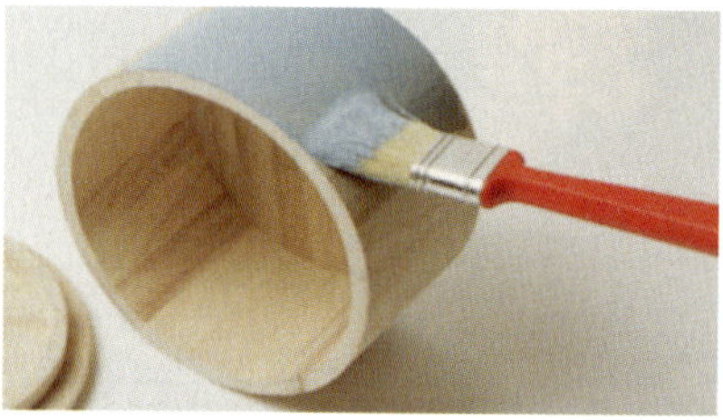

1 Dopo aver ricoperto la scatola di legno con lo speciale fondo, dipingetela dentro e fuori con il colore acrilico azzurro.

2 Applicate il pomello al coperchio della scatola e dipingetelo. Con la matita disegnate una decorazione a volute che poi seguirete con l'apposito colore bianco a rilievo.

3 Da ogni foglio per 3D ritagliate prima la figura intera che incollerete sui fianchi della scatola e poi i particolari della stessa che gonfierete con il bulino secondo la tecnica del 3D.

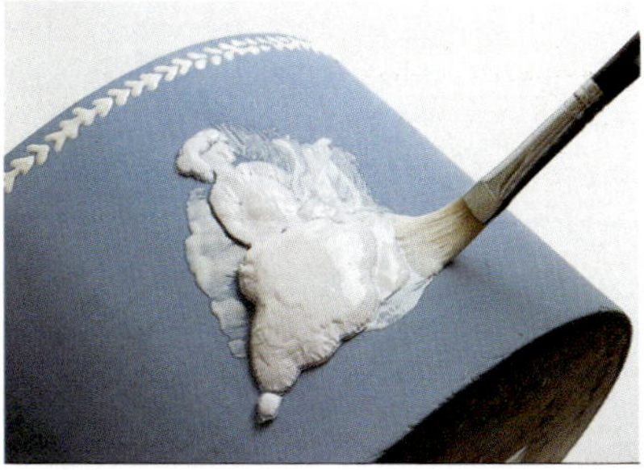

4 Adagiate un po' di silicone per volta sui particolari della figura incollata e ricoprite con le parti corrispondenti rigonfiate. Lavorate con cura e senza fretta. Attendete ventiquattro ore prima di passare alla fase di finitura. Ricoprite di colla densa il lavoro finito e poi, una volta asciutto, passate alcune mani di vernice all'acqua satinata effetto cera.

3D CON LA CERA

Una candela sulla tavola crea subito atmosfera e, per una colazione in giardino al primo tepore di primavera, nulla di meglio di qualche candela profumata che, con foglie, fiori e coccinelle in rilievo, si mescolerà ai fiori appena sbocciati deliziando i vostri ospiti. Fogli e lenticchie di cera vi aiuteranno a creare il vostro 3D in un batter d'occhio.

Materiali: ***candele di diversa altezza e diametro, tovagliolini decorati con soggetti piccoli ritagliabili, medium per candele, fogli di cera trasparenti, lenticchie adesive di cera, piccole forbici, pennello piatto.***

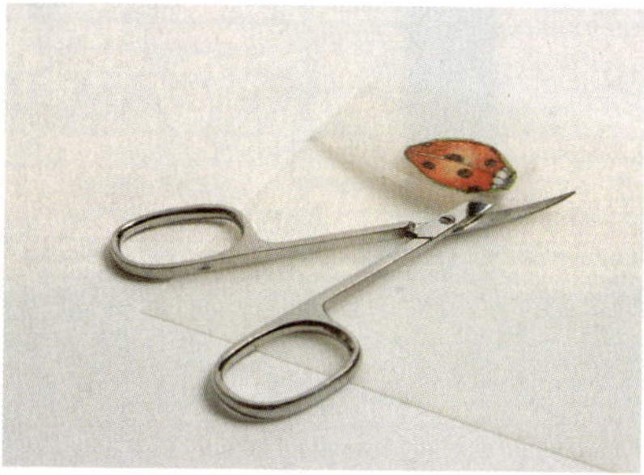

1 Ritagliate dal tovagliolino il soggetto intero. Togliete i due strati sottostanti e adagiatelo sulla candela. Con il pennello piatto stendete il medium per candele partendo dal centro verso l'esterno, con delicatezza.

2 Ritagliate un particolare del disegno da un altro tovagliolino uguale, per esempio la coccinella; togliete i due strati sottostanti e incollatelo con il medium sul foglio di cera.

Ritagliando i contorni del disegno avremo una coccinella con il retro di cera e quindi modellabile che, incollata, potrebbe già costituire una decorazione tridimensionale.

3 Per aumentare l'effetto tridimensionale, staccate dal foglietto una lenticchia adesiva di cera e fatela aderire in corrispondenza della coccinella sulla parete della candela.

4 Stendete sulla lenticchia il medium per candele e fatevi aderire la coccinella preparata in precedenza. Altri particolari come gli steli, i petali dei fiori, i fili d'erba potranno essere messi in rilievo dagli speciali colori di cera provvisti di beccuccio erogatore e presenti in tantissime tonalità.

VEDUTE

Le carte naturali sono ideali per essere sottoposte all'effetto bombato. Le loro fibre elastiche si tendono fino a formare un incavo adatto a contenere la gomma mastice. È necessario disporre di un disegno di base preparato in precedenza e composto da parti non troppo piccole. Il lavoro finale non verrà rivestito di colla, né di vernice in quanto la bellezza naturale delle carte verrebbe alterata.

Materiali: ***carte naturali di vari colori sfumate e a tinta unita, cornice, foglio di carta con disegno di paesaggio, colla da découpage, pennello piatto piccolo e grande, forbici grandi e piccole, una confezione di foglie pressate. Kit per découpage 3D: cuscinetto, bulino a sfera piccola e sfera grossa, pinze, spiedini di legno, gomma mastice.***

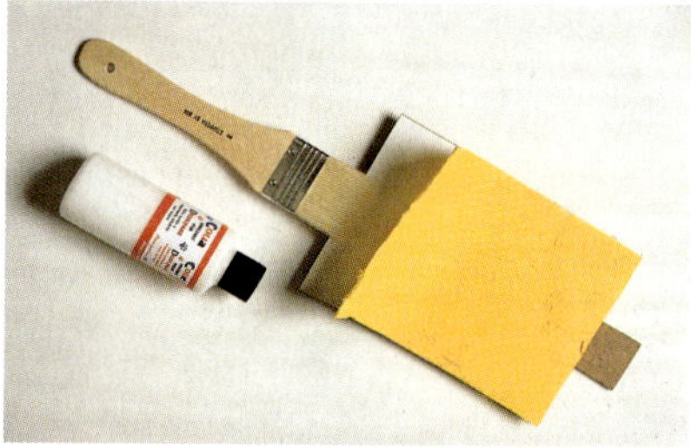

1 Disponete le carte naturali su un piano e lasciatevi guidare dal gusto e dalla fantasia nella scelta dei colori. Le tonalità e le imperfezioni delle carte sfumate non sono difetti e aiuteranno a ottenere dei sorprendenti effetti cromatici. Ritagliate tutti i particolari cercando di rispettare le dimensioni del disegno.

2 Ritagliate da una carta naturale a tinta unita un rettangolo a misura da incollare sulla tavoletta portaimmagini. È da preferire un colore chiaro che metta meglio in evidenza gli elementi da sovrapporre.

3 Strofinate i diversi ritagli con il bulino, fino a renderli concavi. Per ottenere un insieme più armonico è consigliabile evitare di sbalzare ogni particolare: scegliete solo quelli più in vista.

4 Le carte utilizzate per la collina e la striscia del prato sono state incollate sopra il fondo giallo con pennellino piatto e colla da découpage senza essere state precedentemente rigonfiate. Riempite di gomma mastice la cavità di ogni particolare, poi disponetelo sul quadretto con le pinze.

5 Lo spiedino sarà di aiuto, come sempre, per distribuire il rigonfiamento sotto la carta. Procedete in questo modo fino a completare ogni elemento del paesaggio.

6 Estraete dalla confezione di foglie pressate una foglia di felce e incollatela sul retro con delicatezza. Adagiatela sul quadretto piegandola leggermente da un lato, in modo da farla assomigliare a un albero che sia stato curvato dal vento. Schiacciate delicatamente con le setole asciutte di un pennello piatto.

La carta naturale con tonalità sfumate, leggermente bombata, si presta a un'infinità di combinazioni con elementi che la possono arricchire, come foglie o fiori pressati.

Holly Dolly

La bambolina della tradizione americana, ricavata da una carta per découpage tridimensionale, viene utilizzata qui per decorare un mobile a cassettini, pratico e versatile. Le carte specifiche, studiate per rendere più facile il découpage bombato, sono sempre più presenti in commercio in quanto garantiscono il giusto effetto rilievo.

Materiali: *un mobiletto di legno componibile a cinque cassetti. Per la verniciatura: colore acrilico bianco e verde scuro, coloranti all'acqua di tonalità diverse, pennello piatto grande, fissante spray opaco. Per la decorazione: un foglio di carta per découpage tridimensionale con soggetto Holly Dolly, forbici, pennello piatto e pennellino, pennello spugna, colla da découpage. Kit per l'effetto bombato: cuscinetto, bulino, pinze, spiedino.*

1 Dipingete di colori diversi la parte frontale di ogni cassetto con i coloranti all'acqua. Con il colore verde scuro ricoprite il mobile esterno facendo una piccola prova in un angolo per verificare il contrasto. Estraete poi i cassetti per non macchiarli prima di proseguire.

2 Ritagliate dal foglio di carta la figura intera e tutti i suoi particolari. Incollate le figure base su ogni cassettino. Ricoprite di colla come per il découpage tradizionale.

3 Gonfiate ogni particolare, distribuite la gomma mastice e ricoprite con i particolari.

4 Per ottenere un rapido effetto di usura, tamponate leggermente gli angoli del mobile col pennello spugna sporcato di acrilico bianco.

5 Stendete altri strati di colla: insinuandosi nelle pieghe, aiuteranno a uniformare la decorazione al fondo su cui si trova e a nascondere piccole imperfezioni.

Le parti molto sottili della decorazione, come il cerchio del bambino o il manico dell'annaffiatoio, presentano evidenti difficoltà nella bombatura; per risolvere il problema si consiglia di incollare questi ritagli su cartoncino, ritagliarli e incollarli nello spazio corrispondente.

galleria di proposte

Piatto "pittorico"

Un po' più lenta nell'esecuzione, ma sicuramente molto raffinata, la screpolatura a due componenti produce i risultati migliori nell'esecuzione sotto vetro. Nel nostro caso, inoltre, il découpage è stato arricchito di una delicata sfumatura di colore che aggiunge "morbidezza" all'insieme.

Materiali: *piatto di vetro, vernice screpolante a due componenti, colore a olio terra d'ombra naturale, pennello piatto, spugnetta di gommapiuma, pennelli da ritocco, colori acrilici nella tonalità avorio, verde bosco, medium ritardante, vernice di finitura, carta da découpage, colla vinilica.*

1 Stendete la prima vernice per screpolatura, attendete i tempi indicati nella confezione e stendete la seconda vernice. Dopo la comparsa delle screpolature, a essiccazione avvenuta, scurite le fessure con colore a olio. Togliete bene l'eccedenza con uno straccio di cotone e attendete quarantotto ore prima di intervenire sul piatto.

2 Ritagliate la carta con il soggetto scelto per il découpage, immergetela nell'acqua per ammorbidirla se necessario, asciugatela e stendete la colla sulla parte dritta del disegno. Appoggiate il ritaglio sul retro del piatto e pressate bene per far fuoriuscire eventuali bolle d'aria. Lasciate asciugare bene. Picchiettate tutto intorno al ritaglio incollato del colore verde mescolato a qualche goccia di medium e, con l'aiuto della spugna di gommapiuma a secco, tamponate il colore rapidamente, girando spesso il piatto per vedere dal dritto come procede la colorazione.

3 Lasciate asciugare bene e rivestite tutta la superficie sul retro del piatto con colore acrilico avorio. Se necessario, ripetete ancora l'operazione.

4 Non resta ora che fissare il lavoro con una buona vernice di finitura.

TRASFERIBILI

Teneri colori per scatole, cornici e bigliettini da fare in un attimo e da regalare in una circostanza particolare. La caratteristica di questo prodotto è la rapidità di esecuzione e la molteplicità dei soggetti. Negli esempi qui accanto, il trasferibile è stato fatto aderire al supporto senza intervento alcuno. Teniamo presente, però, che carta, trasferibile e decalcomania possono essere combinati tra loro. La finitura a cera, a vernice o con screpolature, uniformerà e darà il tocco finale al lavoro.

CONCHIGLIE

Una conchiglia: ricordo di un'estate, con la magia del rumore del mare e la sabbia ancora bagnata dove l'abbiamo raccolta. Disegni a china dipinti ad acquerello in un puro stile Settecento inglese per queste quattro conchiglie con le quali sono stati decorati gli oggetti fotografati. Le conchiglie non sono ritagliate dalla carta e per questo non hanno spessore. Decisa la disposizione dei soggetti sulla superficie, si è passati all'isolamento di tutta la superficie decorata con colla da découpage in un solo strato e con una vernice protettiva opaca.

Il vaso di terracotta, interpretato in stile *shabby chic*, è realizzato con una sola decorazione ottenuta incollando una striscia di "Dipinto" con soggetti di frutta color seppia che conferisce subito un'aria preziosa e molto raffinata.
Il procedimento utilizzato per ottenere l'aspetto un po' "vissuto" consiste nel dipingere l'oggetto con una prima mano di colore acrilico marrone bruciato. Si strofina nei punti di maggiore usura con cera per mobili o candela stearica e si passa una seconda mano di colore acrilico bianco.
Con la carta vetrata sottile si strofina poi leggermente dove si desidera.
Altrettanta semplicità e raffinatezza per la cornice di legno grezzo decorata con rametti di erbe di campagna lasciate seccare fra le pagine di un libro.

SCATOLE POT-POURRI

Soggetti botanici o floreali per decorare tazze, piattini, candele e bigliettini segnaposto. Le scatoline, trattate alla fine con un delicato effetto screpolatura, hanno il coperchio ad apertura graduale in modo che l'aroma del pot-pourri che vi è contenuto all'interno possa fuoriuscire delicatamente.

Materiali: ***scatoline con coperchio a scomparsa di legno, colore acrilico bianco, verde, giallo, carta con soggetto floreale, colla da découpage, vernice screpolante a due componenti, colore a olio color bitume, vernice protettiva opaca o lucida, cera neutra.***

1 Preparate un colore verde acqua mescolando i colori a base acrilica, e stendetelo all'interno e all'esterno delle scatoline.

2 Dopo aver ritagliato le tre composizioni di fiori della misura adatta alle rispettive scatoline, incollatele sui coperchi asciutti.

3 Procedete alla formazione dell'effetto screpolante applicando le due vernici seguendo le indicazioni riportate sulla confezione del prodotto. Il procedimento è lo stesso anche se decidiamo di lavorare su un supporto diverso, come una candela.

4 A screpolatura avvenuta, strofinate con colore a olio color bitume in modo da evidenziare le fessure. Proteggete con vernici finali.

Atmosfere d'Oriente

Un soggetto semplice come il monogramma di un tovagliolino ha contribuito a rendere unici degli oggetti di tutti i giorni, come una ciotola di vetro, richiamandoci a un'atmosfera di culture lontane e piene di fascino. Lo stesso soggetto è stato utilizzato su alcuni oggetti di terracotta, cartone, legno e vetro, nonché sul piccolo paralume di stoffa, reso più originale dalla base in tronco di ciliegio.

Materiali: *ciotola di vetro, colla speciale per incollare il tovagliolino, tovagliolo di carta, vernice protettiva, vernice acrilica nera spray.*

1 Capovolgete la ciotola e appoggiate sulla sommità il ritaglio del tovagliolino facendo attenzione a rivolgere l'immagine verso il basso; passatevi sopra il pennello con la colla specifica. Stendete il prodotto su tutta la superficie esterna della ciotola e lasciate asciugare bene.

2 Vaporizzate la vernice spray nera solamente dopo aver ricoperto di colore acrilico bianco il ritaglio incollato. Questa operazione permetterà al disegno di essere ben visibile. La carta del tovagliolo, essendo molto sottile, ha la tendenza a lasciar intravedere il colore nero annullando il disegno.

3 Se volete ottenere un colore nero all'interno della ciotola e chiaro all'esterno, è sufficiente attendere circa un'ora e spruzzare una vernice chiara sopra quella nera.

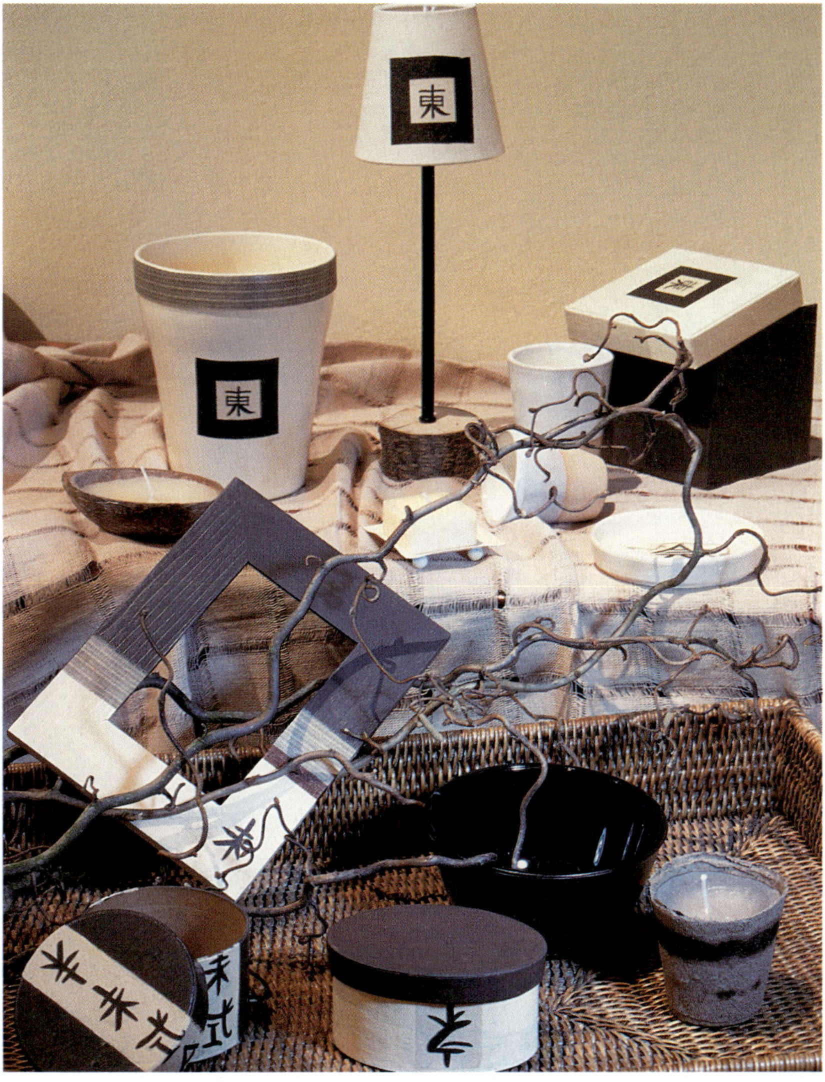

Il vetro trattato a découpage in questo modo conserva la sua funzione di contenitore igienico in quanto l'interno non è trattato con vernici.

Piatti preziosi

Ancora piatti, piatti preziosi con fregi e foglia oro sullo sfondo, da utilizzare in una occasione importante a tavola o da appendere al muro, ma che possono anche essere regalati con le iniziali dorate della persona a cui sono destinati.

Materiali: *piatto di vetro, vernice screpolante bicomponente, patina invecchiante, trasferibili colorati, fregi bianchi, lettere trasferibili dorate, pressino, cerchio di carta bianca di diametro uguale al cerchio interno del piatto, pennelli piatti, missione all'acqua, foglia similoro, colla vinilica, vernice di finitura.*

1 Iniziate realizzando le screpolature sul retro del piatto con la vernice bicomponente. Mentre le vernici agiscono, trasferite i disegni e le lettere con il pressino sul cerchio di carta che costituirà il medaglione centrale.

2 Effettuate le screpolature e colorate le fessure, lasciate riposare il piatto per quarantotto ore. Procedete poi alla decorazione con i fregi trasferibili che verranno applicati direttamente dietro al vetro. Nel nostro caso abbiamo utilizzato il bianco ma si potrebbero usare altri colori: il verde, il rosso, il marrone, il nero.

3 Stendete sul retro del piatto la missione all'acqua e attendete almeno 15 minuti. Applicate la foglia di similoro e lasciate seccare bene. Togliete le eccedenze con un pennello asciutto.

4 Fissate il lavoro con due o tre mani di vernice di finitura protettiva.

ML
B.G.

Effetto ghiaccio

Con la bella stagione le occasioni per consumare i pasti all'aperto sono numerose e anche le cerimonie sono più festose se organizzate in mezzo al verde. Per rendere la tavola fresca e invitante, bastano pochi tovagliolini e uno specifico prodotto "effetto ghiaccio", una breve cottura nel forno di casa per fissare il tutto e per ottenere i complimenti dai commensali.

Materiali: *calici di vetro, nastro adesivo di carta, tovagliolini con soggetti di fiori, pennello-spugna, pennello piatto, colori pastello Frost Effekt, Ultra Gloss medium effekt.*

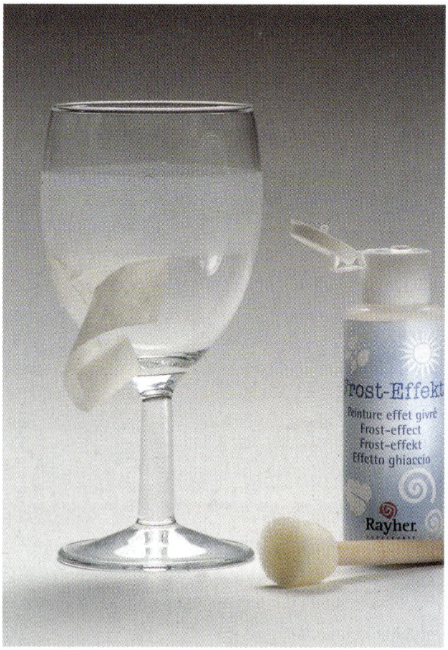

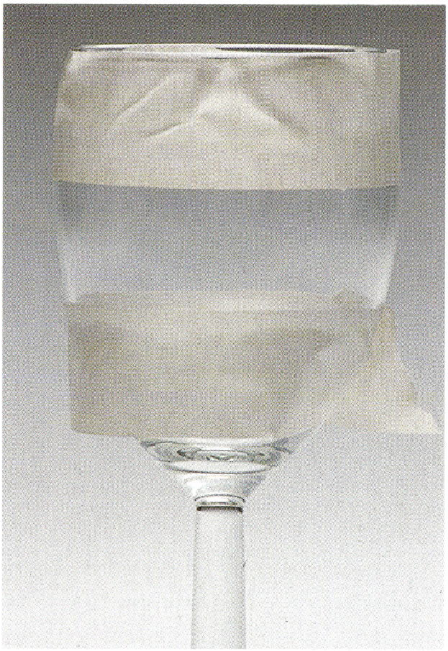

1 Delimitate una fascia sulla parete esterna di ogni bicchiere con il nastro adesivo di carta.

2 Versate un po' di colore "effetto ghiaccio" sul pennello-spugna e tamponate delicatamente con esso il vetro. Togliete il nastro di carta e lasciate asciugare per almeno ventiquattro ore.

3 Ritagliate ora i fiori dai tovagliolini, rimuovete i due strati di carta sottostanti alla decorazione e incollate i soggetti sul vetro del bicchiere fissandoli con il medium effetto steso con un pennello asciutto. Lasciate asciugare bene e mettete nel forno di casa a 150 °C per circa trenta minuti. Gli oggetti così trattati possono essere lavati a mano.

Rustico sulla tavola

Fresco, adatto alla casa di campagna, il facile coordinato per la colazione formato da sottopiatti e sottotazze coniuga ancora una volta tovaglioli e carte. I soggetti contrastanti dei disegni – le ruspanti galline e la carta tipo leopardo – hanno in comune le tonalità calde e morbide. Il colore nero del fondo esalta la luce di questo bel tovagliolo.

Materiali: *piastrelle grandi e piccole (oppure tavolette di lavagna), tovagliolino con galline, carta tipo leopardo, squadra e matita, colla vinilica e per tovagliolo, pennelli piatti, colore acrilico bianco, smalto nero opaco all'acqua, vernice protettiva opaca all'acqua.*

1 Ricoprite le piastrelle con una mano di smalto nero opaco. Se necessario ripetete l'operazione dopo aver fatto asciugare bene. In alternativa alle piastrelle potete usare delle tavolette di lavagna.

2 Per le piastrelle grandi: incollate con la colla vinilica quattro strisce ritagliate dalla carta tipo leopardo, sui bordi esterni della piastrella.

3 Disegnate su ogni piastrella il riquadro centrale corrispondente al perimetro del tovagliolo che vi verrà incollato e dipingete l'interno con l'acrilico bianco. Appoggiate la figura ritagliata del tovagliolino in corrispondenza del riquadro bianco e incollate con colla specifica. Terminate il lavoro proteggendolo con una apposita vernice di protezione all'acqua.

Contenitori piccoli e grandi a forma di sfera che potranno contenere, a loro volta, un vaso più piccolo di vetro per riporvi dei fiori recisi. Riservato alle più esperte, questo lavoro presenta qualche difficoltà in quanto i contenitori offrono un'apertura piuttosto stretta che rende laborioso qualsiasi intervento all'interno di essi. Ma con un po' di pazienza, e soprattutto di esperienza, vedrete superata ogni difficoltà.

Indice